Direito Ambiental
do global ao local

Direito Ambiental
do global ao local

São Paulo, 2011

Editora Gaia

Angela Barbarulo

© Angela Barbarulo, 2010

1ª Edição, Editora Gaia, São Paulo 2011

Diretor-Editorial
JEFFERSON L. ALVES

Diretor de Marketing
RICHARD A. ALVES

Gerente de Produção
FLÁVIO SAMUEL

Coordenadora-Editorial
ARLETE ZEBBER

Preparação
ANTONIO CARLOS ALVES

Revisão
TATIANA F. SOUZA
ANA CAROLINA RIBEIRO

Foto de Capa
CÁSSIO VASCONCELLOS

Fotos de Miolo
ANDRÉ BRANDÃO / ANDRÉ SIGWALT

Capa e Projeto Gráfico
REVERSON R. DINIZ

Dados Internacionais de Catalogação na Publicação (CIP)
(Câmara Brasileira do Livro, SP, Brasil)

Barbarulo, Angela.
  Direito ambiental : do global ao local / Angela Barbarulo. –
São Paulo : Gaia, 2011.

  ISBN 978-85-7555-268-1

  1. Direito ambiental - Brasil. I. Título.

11-08360   CDU-34:502.7

Índice para catálogo sistemático:
1. Direito ambiental   34:502.7

Direitos Reservados
EDITORA GAIA LTDA.
(pertence ao grupo Global Editora
e Distribuidora Ltda.)

Rua Pirapitingui, 111-A — Liberdade
CEP 01508-020 — São Paulo — SP
Tel: (11) 3277-7999 / Fax: (11) 3277-8141
e-mail: gaia@editoragaia.com.br
www.editoragaia.com.br

Obra atualizada conforme o
Novo Acordo Ortográfico da Língua Portuguesa

Colabore com a produção científica e cultural.
Proibida a reprodução total ou parcial desta obra sem a autorização do editor.

Nº de Catálogo: **3232**

Um renque de árvores, lá longe, lá para a encosta.
Mas o que é um renque de árvores? Há árvores apenas.
Renque e o plural árvores não são cousas, são nomes.

Tristes das almas humanas, que põem tudo em ordem,
Que traçam linhas de cousa a cousa,
Que põem letreiros com nomes nas árvores absolutamente reais,
E desenham paralelos de latitude e longitude
Sobre a própria terra inocente e mais verde e florida do que isso!

Fernando Pessoa (Alberto Caeiro) in *O guardador de rebanhos*, 1914

A meus pais, que sem eles nada disso teria sido possível.
A meus amores, Rodrigo, Sofia e Matheo.
Especial agradecimento ao Secretário do Verde e do Meio Ambiente do Município de São Paulo Eduardo Jorge, que com seu prefácio demonstra como as questões globais ambientais são tratadas no âmbito local.

Sumário

Prefácio 11

Introdução 15

Capítulo 1 – Proteção ambiental 17

    1. A importância da proteção ao meio ambiente 18
    2. Desenvolvimento sustentável e o Direito Ambiental 21

Capítulo 2 – Conceitos e a natureza jurídica do Direito Ambiental 25

1. Conceito de meio ambiente 26
2. Conceito de Direito Ambiental 29
3. Natureza jurídica: direitos e interesses difusos e coletivos 30
    3.1 Interesses coletivos 31
    3.2 Interesses difusos 34
    3.3. Características básicas dos interesses difusos 38

Capítulo 3 – O ordenamento jurídico e a política nacional de proteção ambiental 43

1. Federalismo 44
2. O ordenamento jurídico brasileiro 44
3. A nova ordem jurídica constitucional 45
4. A política nacional de proteção ambiental 47
5. Estrutura político-administrativa de proteção do meio ambiente – Sistema Nacional do Meio Ambiente 51

Capítulo 4 – Competências constitucionais em matéria ambiental na visão paulista   53

1. Repartição de competência   54
2. Meio ambiente na Constituição Federal   55
3. Meio ambiente na Constituição do Estado de São Paulo   56
4. Meio ambiente na Lei Orgânica do Município de São Paulo   60

Capítulo 5 – Estrutura e composição municipal ambiental de São Paulo – Estudo do caso Secretaria do Verde e do Meio Ambiente   63

1. O papel municipal   64
2. Secretaria Municipal do Verde e do Meio Ambiente   69
    2.1. Análise das atribuições do Departamento de Controle da Qualidade Ambiental   70
    2.2. Análise das atribuições do Departamento de Educação Ambiental e Cultura de Paz – Universidade Aberta do Meio Ambiente e Cultura de Paz   71
    2.3. Análise das atribuições do Departamento de Parques e Áreas Verdes   73
    2.4. Análise das atribuições do Departamento de Planejamento Ambiental   76
    2.5. Análise das atribuições do Departamento de Participação e Fomento a Políticas Públicas   78
    2.6. Análise das atribuições dos órgãos vinculados – Conselho Municipal do Meio Ambiente e Desenvolvimento Sustentável; Fundo Especial do Meio Ambiente e Desenvolvimento Sustentável; Conselho do Fundo Especial do Meio Ambiente e Desenvolvimento Sustentável   78
3. A eficácia da descentralização   83
4. Análise das competências por temas   85
    4.1 Ar   88
    4.2 Água   96
    4.3 Solo   104

4.4 Emissão de ruídos e vibrações — 106
4.5 Resíduos sólidos — 107

Capítulo 6 – Responsabilidade por dano ambiental e proteção ao meio ambiente — **111**

1. Conceito e fundamento legal de dano e reparação — 112
2. A determinação da responsabilidade — 115
3. Dano e responsabilidade ambiental na Lei da Ação Civil Pública — 117

Capítulo 7 – Tipos de responsabilidade e a participação do Poder Público — **119**

1. Responsabilidade administrativa — 122
2. Responsabilidade penal — 128
3. Responsabilidade civil — 131
4. Responsabilidade civil do Estado por ato ou omissão da administração — 137

Considerações finais — **141**

1. Do global ao local — 142

Bibliografia — **147**

Prefácio

A Secretaria do Verde e do Meio Ambiente do Município de São Paulo (SVMA) foi criada em 1993. De uma pequena estrutura inicialmente voltada quase exclusivamente para a questão de parques e áreas verdes na cidade, a Secretaria foi ampliando consideravelmente o alcance de sua atuação, de acordo com as questões ambientais que uma grande cidade como São Paulo depara no dia a dia. Aos poucos a Secretaria foi ganhando musculatura e hoje atua em questões de grande relevância para a cidade. Assumiu os licenciamentos ambientais no âmbito do território da cidade; colocou em funcionamento o Fundo Especial de Meio Ambiente e Desenvolvimento Sustentável (Fema), que já aprovou dezenas de projetos de cunho socioambiental; ampliou em grande número as áreas verdes protegidas; criou Áreas de Proteção Ambiental municipais; e implantou o Programa de Inspeção Veicular Ambiental, entre outras medidas importantes para São Paulo.

Colocar a cidade de São Paulo, uma das maiores do mundo, no rumo do século XXI e enfrentar questões planetárias no âmbito local, contribuindo para a melhoria das condições da humanidade como um todo, é o que tem guiado nossas ações nos últimos anos. Tanto assim que a cidade tem-se destacado mundialmente nas questões ambientais.

A cidade de São Paulo reduziu em cerca de 20% suas emissões de gases de efeito estufa nos últimos quatro anos com a instalação de usinas de biogás nos aterros Bandeirantes e São João. Foram realizados dois leilões internacionais dos créditos de carbono gerados pelo funcionamento das usinas, com os quais a Prefeitura arrecadou cerca de 71 milhões de reais, que estão sendo aplicados em projetos e melhorias ambientais nas regiões onde estão localizados os aterros.

São Paulo é também pioneira na elaboração de uma política municipal de combate às mudanças climáticas.

Através da articulação promovida pela SVMA com outros órgãos municipais e profissionais especializados, foi elaborada a Lei da Mudança do

Clima, que estabelece a redução de 30% das emissões nos próximos anos, apontando estratégias nas diversas áreas de atividade na cidade.

O primeiro Programa de Inspeção Veicular Ambiental municipal foi colocado em prática pela cidade de São Paulo e atinge, em 2010, a totalidade da frota registrada. Os resultados já são verificáveis. A adesão dos proprietários foi expressiva. Em 2009 devemos chegar perto de 80% da frota-alvo, com cerca de 1,6 milhão de veículos inspecionados. A frota com menor adesão é a das 700 mil motos, devido ao elevado número de veículos na informalidade.

Além disso, dois outros resultados foram colhidos. A experiência de São Paulo levou o governo estadual a enviar à Assembleia Legislativa projeto de lei em setembro de 2009 para criar a inspeção em todo o estado. Em Brasília, em outubro do mesmo ano, a SVMA ajudou o Ministério do Meio Ambiente (MMA) a aprovar resolução no Conselho Nacional do Meio Ambiente (Conama) determinando a implantação nacional da inspeção e estabelecendo prazos.

O aumento da permeabilidade em São Paulo tem também sido objetivo das ações da SVMA, em especial através de três programas-chave – implantação dos chamados parques lineares, ampliação das áreas verdes protegidas no Programa 100 Parques para São Paulo e ampliação da arborização urbana.

A cidade tem hoje, *em obras, mais de vinte parques lineares*, que visam ao mesmo tempo combater as enchentes, proteger e recuperar as áreas de proteção ambiental (APAs) e criar opções de lazer para a população do entorno.

A implantação desses parques foi concebida para recuperar o papel dos fundos de vale como parte do sistema de drenagem natural e acrescentando-lhes função social. É uma ação concreta de adaptação para enfrentar os efeitos da mudança climática. Já foram *implantados* na cidade *sete parques lineares*, como Parelheiros e Ipiranguinha.

No Programa 100 Parques para São Paulo, já são *26 novos parques* implantados. Em 2005 a cidade contava com 34 parques municipais e hoje já são sessenta. Saímos de 15 milhões de metros quadrados de áreas protegidas municipais em 2005 para *24 milhões em 2009* e vamos chegar a *50 milhões em 2012*. A cidade de São Paulo chegará ao número de *100 parques municipais em 2012*.

Hoje, *todas as 31 subprefeituras têm pelo menos um parque implantado, em implantação ou em projeto*. A meta seguinte é implantar um parque em cada um dos *96 distritos da cidade*.

O Programa de Arborização Urbana contabiliza uma média de plantio de 170 mil novas árvores por ano. Em 2009 atingiremos a meta de 200 mil novas árvores plantadas por ano.

Ainda sobre a permeabilidade, desde 2005 a SVMA vem assumindo os licenciamentos no âmbito do município, em convênio com o governo estadual, de obras e empreendimentos públicos e privados. Desde 2005 foram analisados cerca de *cem estudos de avaliação de impactos ambientais*, dentre os quais os relativos ao Aeroporto de Congonhas, ao Campo de Marte, à reforma da Marginal do Tietê, ao Prolongamento da avenida Roberto Marinho e à participação no licenciamento do trecho sul do Rodoanel.

A Portaria 156/2009 determinou permeabilidade do solo mínima de *20%* da área total do imóvel. Anteriormente o percentual mínimo era 15. Em novos empreendimentos é obrigatória a implantação de calçadas verdes.

São Paulo foi a primeira cidade do país a tornar obrigatória a instalação do sistema de aquecimento de água por meio do uso de energia solar em novas edificações. A energia solar deverá fazer o aquecimento da água em prédios residenciais multifamiliares e nos edifícios comerciais que abrigam atividades de comércio, serviços públicos, privados e edificações industriais.

Segundo projeção da Iniciativa Cidades Solares, caso um edifício de vinte andares, com oitenta apartamentos e quatro moradores em cada um deles, adote o aquecimento solar para suprir 40% da demanda anual de água quente, conforme estabelece a lei, evitará a emissão de 10 toneladas de CO_2 equivalente ao ano.

A Prefeitura foi pioneira na adesão ao Programa Cidade Amiga da Amazônia, do Greenpeace, que estabelece o compromisso da administração municipal em eliminar a madeira de origem ilegal e de desmatamentos criminosos de todas as compras municipais. Em parceria com o Sindicato da Indústria da Construção Civil do Estado de São Paulo (Sinduscon-SP) e o Instituto de Pesquisas Tecnológicas do Estado de São Paulo (IPT), a SVMA lançou o manual *Madeira*: uso sustentável na construção civil, já em sua segunda edição.

Para disseminar as questões ambientais aos mais diversos públicos em São Paulo, foi criada, em 2006, a Universidade Aberta de Meio Ambiente e

Cultura de Paz (Umapaz), com o propósito de oferecer programas e atividades de Educação Ambiental e convivência, abertos a pessoas de diferentes faixas etárias e formações, numa perspectiva transdisciplinar, e com o objetivo de contribuir para a sustentabilidade em São Paulo.

Foram desenvolvidos projetos intersecretariais importantes. O Programa Ambientes Verdes e Saudáveis (PAVS) promove o fortalecimento da ação integrada entre os setores de meio ambiente, saúde e desenvolvimento social, com enfoque multidisciplinar em saúde e meio ambiente. Mantém-se diálogo com cerca de 5 mil agentes comunitários de saúde e de proteção social. Estão em andamento com a Secretaria da Saúde setecentos projetos locais. Com a Secretaria de Educação foi desenvolvido o Programa Carta da Terra, promovendo a disseminação deste documento em oitocentas escolas.

Para ampliar a participação popular nas questões ambientais da cidade, estão sendo eleitos diretamente os Conselhos Regionais de Meio Ambiente, Desenvolvimento Sustentável e Cultura de Paz, baseados nas 31 subprefeituras da cidade, facilitando a participação da população nas discussões e na construção de políticas públicas equilibradas no município. A Secretaria também vem promovendo campanhas e disseminando informações através de publicações específicas. Entre as campanhas, destacam-se Dia sem carro; Segunda sem carne; Eu não sou de plástico e Diesel mais limpo.

Por essas e muitas outras iniciativas, a atuação da Secretaria tem sido reconhecida em foros nacionais e internacionais, tais como Iclei (Governos Locais pela Sustentabilidade), C40 e Anamma (Associação Nacional de Órgãos Municipais de Meio Ambiente). É tudo isso que está permitindo São Paulo fazer a sua parte.

Cumprir sua responsabilidade de cidade nacional, cidade-país, de apontar caminhos para uma nova forma de viver e conviver no século XXI.

Eduardo Jorge
Secretário do Verde e do Meio Ambiente do Município de São Paulo

Introdução

No momento em que o mundo inteiro se volta para o questionamento da validade de ideias e ações que, apesar de serem comuns a todos, vêm preocupando por seus efeitos inesperadamente danosos em extensão e profundidade, cabe a nós, brasileiros, avaliar como anda, efetivamente, o processo histórico e institucional da política e da gestão ambiental em nosso território.

Para avaliar corretamente essa questão, precisamos lembrar que entre os inovadores conceitos da política nacional brasileira instituída em 1981 está a repartição das competências ambientais e a formação dos conselhos nacionais, estaduais e municipais com participação da sociedade civil. A experiência profissional da autora permitiu identificar, entre outros grupos, diversos administradores municipais que, atentos a essas questões, consolidaram a posição do ente municipal e cujas gestões são exemplo de realização local das diversas ações de proteção ambiental pensadas globalmente.

Este livro retrata as respectivas atribuições e competências dos órgãos do Sistema Nacional do Meio Ambiente (Sisnama), constituído de forma inovadora pelos órgãos e entidades da União, dos estados, do distrito federal e dos municípios e pelas fundações do Poder Público, todos responsáveis pela proteção e melhoria da qualidade ambiental. É diante da nova ordem jurídico-constitucional que este trabalho visa a analisar, de forma resumida, as atribuições e competências delegadas ao ente municipal para a proteção ambiental. Tal análise não pode ser facilmente obtida, e isso se deve basicamente a três motivos.

O primeiro é certa incompreensão, por parte de alguns atores importantes, do quanto as normas ambientais brasileiras evoluíram nos últimos anos, aprimorando a gestão ambiental a fim de garantir a qualidade de vida. Essa incompreensão, no Brasil, não me parece ser generalizada.

O segundo motivo é ainda a dificuldade de se aplicar os princípios constitucionais descritos na Constituição Federal de 1988 e alguns instrumentos da Política Nacional do Meio Ambiente de 1981, que, sem dúvida, são textos modernos e indutores de sérias mudanças nas estruturas política, social e econômica do país.

O terceiro é detença espera da aplicação dos conceitos do Direito Ambiental por nossos tribunais, até mesmo por se tratar de ramo do Direito tido como *novo*.

Assim, o que temos em mãos é uma questão de enorme importância, cuja solução deve ser buscada na, não tão nova mas inovadora, ordem jurídico-constitucional de 1988 e na legislação ambiental já existente, as quais já fornecem o necessário apoio para que todos os entes da administração possam exercer e desenvolver conjuntamente seu papel na proteção ambiental.

Trata-se de afirmar a nova posição do município na ordem federada. A questão ambiental, portanto, apresenta-se a nós como um campo ainda não totalmente explorado, em que se anunciam verdadeiras batalhas jurídicas para consolidar a posição e a autonomia do município como a porção do Estado mais próxima do cidadão brasileiro e de seus problemas ambientais comuns. Pela ação daqueles que dão continuidade à implantação dessa nova ordem, avalio que essa solução foi verdadeiramente conquistada, e não com pouco esforço.

Capítulo 1

Proteção ambiental

1. A importância da proteção ao meio ambiente

A qualidade do meio ambiente está diretamente ligada à qualidade de vida. Isso parece óbvio hoje, pois a qualidade ambiental se tornou um bem ou patrimônio cuja preservação, recuperação e revitalização constituem um *imperativo* com o objetivo claro e amplo de assegurar boa qualidade de vida, boas condições de trabalho, lazer, educação, moradia e saúde.

No entanto, para alcançarmos o atual entendimento dos aspectos relacionados à proteção ao meio ambiente, infelizmente, foi necessário vivenciarmos processos de degradação ambiental e as tão debatidas mudanças climáticas. Segundo José Afonso da Silva,

> a ação predatória do meio ambiente natural pode se manifestar de diversas formas: através da destruição dos elementos que o compõem ou através da contaminação com substâncias que lhe aderem à qualidade, impedindo seu uso normal, como nos casos de poluição do ar, das águas, do solo, ou seja, das três órbitas, atmosfera, hidrosfera e litosfera, que mantêm a vida orgânica.[1]

A contaminação de uma dessas órbitas compromete por certo a pureza das outras, direta ou indiretamente. Faz-se mister, portanto, uma visão global dessa interação, para darmos à proteção do meio ambiente um tratamento jurídico abrangente e, ao mesmo tempo, sistemático.

Uma das formas mais sérias de degradação ambiental dá-se através da poluição, uma vez que ela atinge diretamente o ar, a água, o solo e também a flora e a fauna. A Lei n. 6.938/81 – Política Nacional do Meio Ambiente (PNMA) –, em seu art. 3º, inc. II, define degradação da qualidade ambiental como a alteração adversa das características do meio ambiente. É também essa lei que conceitua poluição como

> a degradação da qualidade ambiental resultante de atividades que direta ou indiretamente: (a) prejudiquem a saúde, a segurança e o bem-estar da população; (b) criem condições adversas às atividades sociais e econômicas; (c) afetem desfavoravelmente a biota; (d) afetem as condições estéticas ou sanitárias do meio ambiente;

---

1   SILVA, José Afonso da. *Direito Ambiental Constitucional*. São Paulo: Malheiros, 1994.

(e) lancem matérias ou energia em desacordo com os padrões ambientais estabelecidos.

Conceito bastante interessante é dado pelo professor Mário Guimarães Ferri ao descrever que:

> poluição é tudo o que ocasione desequilíbrios ecológicos, perturbações na vida dos ecossistemas. Não nos interessa saber se a modificação se faz no ar, na água ou na terra; se é produzida por matéria em estado gasoso, líquido ou sólido, ou por liberação de energia; nem se é por seres vivos ou por substâncias destituídas de vida.[2]

Paulo Affonso Leme Machado observa que nesse conceito

> são protegidos o homem e sua comunidade, o patrimônio público e privado, o lazer e o desenvolvimento econômico através das diferentes atividades, a fauna e a flora (biota), a paisagem e os monumentos naturais, inclusive os arredores naturais destes monumentos.[3]

Acrescenta ainda que os locais de valor histórico ou artístico podem ser enquadrados nos valores estéticos em geral, cuja degradação afeta também a qualidade ambiental.

Pela doutrina esses conceitos foram descritos de formas diferentes, sendo considerada poluição qualquer modificação das características do meio ambiente que o torne impróprio às formas de vida que ele normalmente abriga. Daí proveio a proteção jurídica do meio ambiente, com a criação de novas leis que preservam a qualidade do meio ambiente e seu equilíbrio ecológico.

Essa conscientização da necessidade de tutela do meio ambiente, infelizmente, só se manifestou a partir do momento em que sua degradação passou a ameaçar não só o bem-estar, mas a própria sobrevivência do ser humano.

Essa preocupação, para muitos tida como tardia, ainda assim não se limita apenas à qualidade do meio ambiente natural, mas busca também a

---

2 FERRI, Mário Guimarães. *Ecologia geral*. Belo Horizonte: Itatiaia, 1980.
3 MACHADO, Paulo Affonso Leme. *Direito Ambiental brasileiro*. 4. ed. São Paulo: Malheiros, 1992.

preservação do patrimônio ambiental global, considerado em todas as suas manifestações.

Trata-se, portanto, da necessidade de implementar o chamado desenvolvimento sustentável, equilibrando crescimento econômico com qualidade de vida, evitando a continuação da destruição de elementos fundamentais para natureza e cultura humana.

Para iniciar o estudo deste capítulo, gostaria de lembrar as palavras de meu professor Celso Antonio Pacheco Fiorillo:

> quando o artigo 225 da Constituição Federal de 1988 determina que impõe-se ao Poder Público e à coletividade o dever de defender e preservar o meio ambiente, não devemos vislumbrar somente a natureza difusa do meio ambiente, à medida que se trata de bem de toda a sociedade civil, mas sim, há de se constatar que devem existir meios de proteção e preservação do meio ambiente, seja à disposição do Poder Público como suscita a Constituição Federal, seja à disposição da coletividade.[4]

De uma ótica pragmática, a Constituição Federal de 1988 garante tutela do meio ambiente tanto preventiva quanto reparatória. A preventiva estaria ligada à ideia de preservação do meio ambiente, ao passo que a reparatória guardaria relação com a defesa e recuperação do meio ambiente.

Da mesma forma, a Política Nacional do Meio Ambiente de 1981, anterior à Constituição Federal de 1988, também tem por objetivo a

> preservação, melhoria e recuperação da qualidade ambiental propícia à vida, visando assegurar, no País, condições ao desenvolvimento socioeconômico, aos interesses da segurança nacional e à proteção da dignidade da vida humana.

Por isso, vale ressaltar dois importantes tipos de instrumentos de tutela de prevenção e reparação do meio ambiente:

a) *mecanismos não jurisdicionais da tutela ambiental*, que nada mais são do que: os estudos prévios do impacto ambiental e seus relatórios, conhecidos como EIA/RIMA; o manejo ecológico; o zoneamento ambiental; o tombamen-

---

4 FIORILLO, Celso Antonio Pacheco. *Manual de Direito Ambiental e legislação aplicável*. São Paulo: Max Limonad, 1997.

to; a desapropriação; as unidades de conservação; as auditorias ambientais; a implantação de sistema de gestão; e a atuação do Poder Público, no exercício do poder de polícia, reprimindo a poluição ambiental através de sanções administrativas ou prevenindo com formulação de novas políticas públicas;

b) *mecanismos jurisdicionais de tutela*, como a ação popular ambiental, a ação civil pública, o mandado de segurança coletivo ou individual, a ação direta de constitucionalidade por ação ou omissão e o mandado de injunção.

Com a conscientização *forçada*, trazida à tona por causa da degradação, os instrumentos de proteção e de preservação do meio ambiente foram descritos pela primeira vez em um capítulo especial, denominado "Do Meio Ambiente", na Constituição Federal de 1988. Essa inovadora garantia constitucional, já descrita em diversas normas esparsas no âmbito nacional, deverá e poderá ser tutelada pelos mecanismos jurisdicionais ou não jurisdicionais citados, para garantir a conservação do meio ambiente e a reparação e prevenção dos danos ambientais.

2. Desenvolvimento sustentável e o Direito Ambiental

Para instrumentalizar-se toda a abordagem da questão ambiental, é indispensável ter-se em vista os diferentes conceitos existentes entre desenvolvimento e meio ambiente. A história nos demonstrou, pelos menos no último século, que a relação entre o homem e a natureza foi de exploração.

Podemos dizer com segurança, apenas como meros observadores, que a exploração dos recursos naturais aumentou com o passar dos anos. Soma-se a isso o uso incorreto de defensivos químicos, a emissão descontrolada de gases tóxicos, efluentes líquidos e resíduos sólidos formados por compostos artificiais de decomposição natural difícil, lenta ou impossível e que não recebiam tratamento adequado para disposição final.

A tudo isso assistiu o homem, até algum tempo atrás, de maneira aparentemente despreocupada. Poucas mas continuadas ações isoladas ou outras tidas como inovadoras contribuíram para lançar o alerta sobre a degradação do meio ambiente, que hoje ocorre em escala planetária, sem muito esforço ou indagações.

A tomada de consciência da degradação dos recursos ambientais levou ao desenvolvimento técnico-científico. Atualmente, busca-se adotar uma filosofia de desenvolvimento, radicalmente diversa da tradicional coleta-manufatura-comercializa-lucra-coleta, tão identificada com o modelo capitalista clássico. Essa nova filosofia encontra-se traduzida no conceito de desenvolvimento sustentável.

O desenvolvimento sustentável é aquele que atende às necessidades do presente, sem comprometer a possibilidade de as gerações futuras atenderem as suas próprias necessidades. Essa filosofia de desenvolvimento apoia-se nos conceitos de *necessidades* e de *limitações*. As necessidades são básicas, as mais elementares de todo ser humano; as limitações, por sua vez, guardam relação com o estágio tecnológico e de organização social de uma comunidade e seus efeitos no meio ambiente.

No nível dos governos, as implicações quanto às necessidades humanas atuais obrigaram os dirigentes a tomar iniciativas com o escopo de garantir os padrões mínimos aceitáveis relacionados a habitação, educação, saúde, alimentação, trabalho e lazer. É por isso que alguns desses mesmos governos levaram a cabo atividades de estímulo à pesquisa e à experimentação de novas técnicas explorativas e produtivas, além de envidarem esforços para a transformação da estrutura social de forma mais igualitária, de modo a promover a democracia e o respeito aos direitos individuais e coletivos.

Observando o conceito e as implicações da adoção de um modelo de desenvolvimento sustentável, devemos verificar seu reflexo no Direito brasileiro.

Para que identifiquemos um dado ramo da ciência jurídica, precisamos verificar se há para ele um conjunto de princípios e regras específicos. No caso, pelo rápido exame dos textos legais e das obras doutrinárias de Direito Ambiental, podemos identificar que:

a) a proteção ao meio ambiente é de interesse geral;

b) há obrigação jurídica, do Estado e dos indivíduos, de promover essa proteção;

c) há necessidade de participação direta dos cidadãos na execução das suas regras;

d) o poluidor, seja ele particular ou ente público, deve reparar o dano.

Portanto, é evidente que estamos diante de um novo ramo do Direito, que tem afirmado sua importância a cada tomada de decisão nos campos político, econômico e social.

Podemos dizer que o Direito Ambiental é o conjunto de princípios e instrumentos descritos em diversas regras legais destinados a manter relações equilibradas entre o homem e o meio ambiente.

No dizer de Michel Prieur, "esse novo ramo é um direito-mensagem, com vistas ao futuro, e que tende a impregnar todos os demais ramos do Direito e os sistemas jurídicos, imprimindo a eles uma diretriz ambientalista".[5]

No Brasil, verifica-se o crescimento da consciência ambiental, seja na aplicação e no uso dos recursos naturais, seja na criação de novas normas que incorporaram a noção de proteção ambiental visando a controlar ou a extinguir práticas consideradas degradadoras e *antiecológicas*.

O início da previsão legal em assuntos ambientais surgiu em textos isolados, nada sistematizados. Ainda hoje, a legislação encontra-se de certa forma esparsa, mas sua interpretação deve necessariamente seguir os conceitos, as diretrizes e os instrumentos estabelecidos na Política Nacional do Meio Ambiente de 1981 e na Constituição Federal de 1988.

A proteção ao meio ambiente merece hoje atenção especial, o que se reflete no Direito, pois este deve responder a tal necessidade, e o faz através do desenvolvimento de um novo ramo: o Direito Ambiental.

Para fixar as noções aqui expostas, relaciono a seguir algumas ideias centrais que julgo essenciais para a questão ambiental, notadamente quanto à estruturação da administração pública e da legislação:

a) pela nova ordem jurídico-constitucional, o meio ambiente é patrimônio público e a manutenção de seu equilíbrio é fundamental para a saúde, a dignidade e a sobrevivência dos seres humanos;

b) é obrigação de todos os níveis do Poder Público tomar iniciativa nesse sentido;

c) o Poder Público, em todos os níveis, e os cidadãos devem compartilhar o ônus da resolução das questões ambientais e os benefícios que esses esforços trazem com o decorrer dos anos;

d) devem ser revistos os mecanismos já existentes e outros hábitos destinados a promover a manutenção ou a melhoria do meio ambiente.

---

5   PRIEUR, Michel. *Droit de l'environnement*. Paris: Dalloz, 1984. (Tradução da autora.)

Capítulo 2

Conceitos e a natureza jurídica do Direito Ambiental

1. Conceito de meio ambiente

O conceito de meio ambiente já foi analisado de diversas formas e, por isso, hoje entendo que ele pode ser analisado como a união dos diversos conceitos e pontos de vista a seguir descritos.

O ambiente compõe-se do conjunto de elementos naturais e culturais que formam o meio em que se vive, sendo assim uma conexão de valores.

Segundo José Afonso da Silva o meio ambiente pode ser definido como "a interação do conjunto de elementos naturais, artificiais e culturais que propiciem o desenvolvimento equilibrado em todas as suas formas".[1]

Seguindo nessa linha de raciocínio, o meio ambiente poderia ser dividido da seguinte forma:

a) *Meio ambiente artificial*: caracterizado pelo espaço urbano construído, composto por edificações (fechado) e equipamentos públicos (ruas, praças etc.).

b) *Meio ambiente cultural*: composto pelo patrimônio histórico, artístico, arqueológico, paisagístico e turístico.

c) *Meio ambiente natural ou físico*: compõe-se da água, do solo, do ar, da atmosfera, da fauna e da flora, ou seja, da interação dos seres vivos e seu meio. Nesse sentido, foi definido na Política Nacional do Meio Ambiente, em 1981, como "o conjunto de condições, leis, influências e interações de ordem física, química e biológica, que permite, abriga e rege a vida em todas as suas formas".

Essa distribuição é muito útil para fins jurídicos ou estudos, mas, na verdade, todos constituem uma unidade.

Uma parte respeitável da doutrina não aceita a ideia de bens ambientais naturais, entendendo que na natureza não há bens e considerando que é a atividade humana que torna possível essa função.

No entanto, diversa é a posição de José Afonso da Silva, que entende que a concepção cultural dos bens ambientais tem a importância de refletir seu sentido humano, seu valor como um bem coletivo.

Historicamente, a concepção da natureza como algo distinto do mundo divino só começou a se firmar a partir do século XVIII. Fora do cenário participante da vida humana e divina, a natureza tornou-se objeto indiferente e homogêneo das experiências científicas.

---

1 SILVA, José Afonso da. *Direito Ambiental Constitucional*. São Paulo: Malheiros, 1994.

Para Werner Heisenberg, o termo natureza passou a designar muito mais uma descrição científica da natureza do que ela mesma. As montanhas, as florestas, os rios, as fontes, os astros celestiais e os próprios animais foram morrendo e desaparecendo aos poucos do cenário humano, reduzido a equações matemáticas, fórmulas científicas, esquemas racionais e pragmáticos, elementos físicos do universo.[2] Essa observação demonstra claramente como o conceito de natureza e sua relação com o homem foram historicamente perdendo importância.

E é por isso que diversos têm sido os entendimentos atuais sobre o conceito do meio ambiente ou ecossistema. Interessante é a concepção de Rafael Brelde Obeid, para quem duas são as posições que o homem pode adotar frente ao meio ambiente:

a) *Posição criativista*, segundo a qual os bens naturais têm caracteres comuns, como unidade, interdependência, especialidade, temporalidade, além da lei natural da qual surgem normas que devem ser respeitadas para não alterar seu delicado equilíbrio.

b) *Posição materialista*, segundo a qual o mundo é um amontoado de coisas, sendo o homem, a partir de modelos e sistemas derivados de sua própria invenção e não da contemplação da natureza, aquele que decide o que é a realidade, ainda que aquilo que em definitivo interessa seja, não a realidade, mas o que se fará com ela, que não é outra coisa senão pura disponibilidade.[3]

Isso nos demonstra como foi – e às vezes ainda é – difícil obter eficácia legal dos preceitos do Direito Ambiental, a fim de proteger os bens da natureza.

Segundo Toshio Mukai

> o ecossistema, entendido como meio ambiente, é formado de dois sistemas intimamente inter-relacionados: o sistema natural, composto do meio físico e biológico (solo, vegeta-

---

2 HEISENBERG, Werner. *La nature dans la physique contemporaine*. Paris: Gallimard, 1962. (Tradução da autora.)

3 OBEID, Rafael Breide. La doctrina de la Iglesia Católica en materia ambiental y de relaciones del hombre con la naturaleza. *Ambiente y recursos naturales:* revista de derecho, política y administración. Buenos Aires: La Ley, v. II, n. 2., p. 59, 1998. (Tradução da autora.)

ção, animais, habitações, água etc.), e o sistema cultural, consistindo do homem e suas atividades.[4]

O homem tem a capacidade de dirigir suas ações, utilizando o meio ambiente como fonte de matéria e energia necessárias à sua vida ou como receptor de seus produtos e resíduos.

Em 1866, Ernst Haeckel criou o termo ecologia para designar o estudo da influência do ambiente sobre os animais (do grego, *oikos* = casa; *logos* = ciência), definindo-a como "a investigação das relações totais do animal tanto com seu ambiente orgânico como inorgânico",[5] ou seja, o estudo do inter-relacionamento de todos os sistemas vivos e não vivos entre si e com seu meio ambiente.

Denota-se aí a importância da aplicação correta da noção unitária de meio ambiente, que para Luís Felipe Colaço Antunes,

> resulta não só da multiplicidade de aspectos que caracterizam as atividades danosas para o equilíbrio ambiental, por conseguinte de uma planificação global, mas também da necessidade de relacionar o problema da tutela do ambiente com os direitos fundamentais da pessoa, nomeadamente o da saúde.[6]

Essa mesma direção parece seguir a Lei de Bases do Ambiente de Portugal (Lei n. 11/87) que, em seu art. 5º, 2, a, apresenta a seguinte definição:

> Ambiente é o conjunto dos sistemas físicos, químicos, biológicos e suas relações e dos fatores econômicos, sociais e culturais com efeito direto ou indireto, mediato ou imediato, sobre os seres vivos e a qualidade de vida do homem.

Em minha opinião, a expressão meio ambiente poder ser descrita, de forma simples e resumida, como a interação de elementos naturais, artificiais

---

4   MUKAI, Toshio. *Direito Ambiental sistematizado*. 2. ed. Rio de Janeiro: Forense Universitária, 1994.

5   HAECKEL, Ernst. *Generelle Morphologie der Organismen*: allgemeine Grundzüge der organischen Formen-Wissenschaft, mechanisch begründet durch die von C. Darwin reformirte Decendenz-Theorie. Berlim: [s.n.], 1866. (Tradução da autora.)

6   ANTUNES, Luís Filipe Colaço. *A tutela dos interesses difusos em Direito Administrativo*: para uma legitimação procedimental. Coimbra: Livraria Almedina, 1989.

e culturais que propiciam o desenvolvimento equilibrado da vida. Com essa concepção, passemos à análise do conceito do Direito do Meio Ambiente, ou Direito Ambiental.

2. Conceito de Direito Ambiental

Primeiro, é preciso dizer que o Direito Ambiental corresponde diretamente à proteção do meio ambiente, como anteriormente conceituado, e não pode ser visto sob o mesmo enfoque que os demais ramos tradicionais do Direito, visto que diz respeito à proteção de interesses pluri-individuais e supera as noções de interesse individual ou coletivo.

Trata-se, conforme convencionou a doutrina, da proteção dos chamados interesses difusos, ou seja, o interesse juridicamente reconhecido de uma pluralidade indeterminada ou indeterminável de indivíduos.

Tem sido designado de vários modos o Direito que visa à proteção do meio ambiente: Direito Ecológico, Direito do Meio Ambiente, Direito Ambiental e Direito do Ambiente.

Como era de se esperar, tal qual a pluralidade de conceitos de meio ambiente, existem diversos conceitos de Direito Ambiental, sendo irrelevante a exposição aqui de todos, pois pouco se diferenciam. Há de se destacar, contudo, alguns deles.

Michel Prieur, que prefere a designação Direito do Ambiente, conceitua-o como "um conjunto de regras jurídicas que concernem à natureza, à poluição e danos aos sítios, monumentos e paisagens, aos recursos naturais, abrangendo também, portanto, setores já constituídos em corpos jurídicos" – Direito Florestal, Direito Rural, Direito Mineiro etc. Nesse sentido, observa com sensibilidade que

> à medida que o ambiente é a expressão de uma visão global das intenções e das relações dos seres vivos entre eles e com o seu meio, não é surpreendente que o Direito do Ambiente tenha um caráter horizontal, que recubra diferentes ramos clássicos do Direito (Direito Civil, Direito Administrativo, Direito Penal e Direito Internacional), posto que é um Direito de interações.[7]

---

7   PRIEUR, Michel. *Droit de l'environnement*. Paris: Dalloz, 1984. (Tradução da autora.)

Fazendo uso das palavras de Toshio Mukai,

> o Direito Ambiental, no estágio atual de sua evolução no Brasil, é um conjunto de normas e institutos jurídicos pertencentes a vários ramos do Direito, reunidos por sua função instrumental para a disciplina do comportamento humano em relação ao seu meio ambiente.[8]

Há de se citar, por fim, a sucinta classificação de José Afonso da Silva sobre essa matéria. Para ele o Direito Ambiental constitui, sim, uma disciplina jurídica de acentuada autonomia, que busca o equilíbrio entre a qualidade do meio ambiente e a qualidade de vida. Divide, assim, para efeitos didáticos o conceito de Direito Ambiental em:

a) *Direito Ambiental objetivo*, que constitui um conjunto de normas jurídicas visando à proteção da qualidade do meio ambiente.

b) *Direito Ambiental como ciência*, que busca o conhecimento sistematizado das normas e dos princípios ordenadores da qualidade do meio ambiente.[9]

Contudo, conforme entendimento de Michel Prieur e Toshio Mukai, o chamado Direito Ambiental caracteriza-se por ser *horizontal*, cobrindo diferentes ramos do Direito (Privado, Público e Internacional). É um direito de interações e de natureza multidisciplinar que tende a *penetrar* em todos os demais ramos, para neles introduzir a questão ambiental.

3. Natureza jurídica: direitos e interesses difusos e coletivos

Para melhor compreensão do Direito Ambiental, devemos analisar sua natureza jurídica e classificação entre as demais áreas existentes no Direito. A problemática da proteção do meio ambiente está diretamente ligada à promoção da aplicação efetiva dos preceitos inovadores descritos na Constituição Federal Brasileira de 1988 e demais normas infraconstitucionais, o que não ocorre com a maioria dos demais ramos do Direito. O direito ao meio ambiente ecologicamente

---

8   MUKAI, Toshio. Aspectos jurídicos da proteção ambiental no Brasil. *Revista de Direito Público*. São Paulo: Revista dos Tribunais, v. 17, n. 73, 1985.

9   SILVA, op. cit.

equilibrado é um direito fundamental, não mais de interesse individual ou de determinada classe. Todos, irrestritamente, têm direito à vida, ao meio ambiente sadio e equilibrado. São esses os chamados direitos humanos de terceira geração.[10]

3.1. Interesses coletivos

A primeira definição do termo interesse seria a busca de uma situação de vantagem, que crie um benefício em sua posse ou fruição. Segundo Henri Capitant, em sua definição clássica citada por Rodolfo de Camargo Mancuso, interesse é "un avantage d'ordre pécuniaire ou moral" [vantagem pecuniária ou moral].[11] Esse conceito liga uma pessoa a algum bem da vida, que lhe teria um determinado valor.

A diferença, então, entre o interesse *comum* (*lato sensu*) e o jurídico é: no caso do primeiro, seu objeto é bastante amplo. No caso dos interesses jurídicos, seu conteúdo é bem mais restrito, tendo como referenciais valores normativos previamente dispostos.

Miguel Reale em sua *Teoria tridimensional do Direito* observou que "o fato que condiciona o aparecimento de uma norma jurídica particular nunca é um acontecimento isolado, mas um conjunto de circunstâncias",[12] ao passo que os direitos se situam no plano ético-normativo, resultando de uma escolha feita pela autoridade social, "com base em juízos de valor que discriminam os casos em que o direito deve ser reconhecido e em que não há necessidade de fazê-lo.[13]

O confronto coletivo *versus* individual remonta à *summa divisio*, das origens do Direito (Direito romano) em que aparecia rigidamente dividido entre *público* e *privado*.

---

10 Os direitos humanos de primeira geração são os individuais, originários da Declaração dos Direitos do Homem na Revolução Francesa. Os de segunda geração são os direitos sociais coletivos, relacionados à exigência de determinados serviços básicos por parte do Estado.

11 MANCUSO, Rodolfo de Camargo. *Interesses difusos*: conceito e legitimação para agir. 4. ed. São Paulo: Revista dos Tribunais, 1997.

12 REALE, Miguel. *Teoria tridimensional do Direito*. 5. ed. São Paulo: Saraiva, 1994.

13 GERVAIS, André. Quelques réflexions à propos de la distinction des droits et des intérêts. In: *Mélanges en l'honneur de Paul Roubier*. Paris: Dalloz & Sirey, 1961. t. 1. (Tradução da autora.)

Naquela época os dois polos de referência eram os indivíduos e os Estados. Não havia *corpos intermediários* (na denominação de Montesquieu) que ameaçassem o monopólio estatal. Dessa forma, o próprio Direito positivo acabou sendo organizado em dois ramos: o público e o privado. Com o tempo esse supremo poder estatal foi se esfacelando e corpos intermediários foram surgindo.

De toda essa evolução resultou o germe do que posteriormente seria chamado corporativismo, representado pelos desejos individuais de participar do processo político-econômico acompanhados da "consciência do coletivo". Nessa nova ordem, que se apresenta como um intermediário entre o indivíduo e o Estado, considera-se que isoladamente os indivíduos pouco ou nada podem, mas que sua reunião em torno da mesma condição e das mesmas pretensões (categoria) exerce um peso considerável nos centros de decisão.

O interesse coletivo pode ser dividido ou classificado de três formas:

a) *Interesse pessoal do grupo*: interesses do grupo em si mesmo como entidade autônoma distinta de seus membros (Pessoa Jurídica).

b) *Interesse coletivo como uma soma de interesses individuais*: feixe de interesses individuais cujo exercício é coletivo. Sendo a essência individual, ainda não se pode falar em verdadeiro exercício de interesse coletivo, uma vez que se trata de uma interposição de interesses individuais homogêneos de origem comum.

c) *Interesse coletivo como síntese de interesses individuais*: nesse caso o quadro muda totalmente. Não se trata da defesa do interesse pessoal do grupo, tampouco de mera soma ou justaposição dos interesses de seus integrantes. Trata-se de interesse que sobrepuja os grupos, "ficando afetado a um ente coletivo, nascido a partir do momento em que certos interesses individuais, atraídos por semelhança e harmonizados pelo fim comum, se amalgamam no grupo. É a síntese, antes que mera soma".[14]

La nature se rit des décrets [a natureza ri dos decretos], dizia com razão Jean Rivero. Esse autor tem uma interessante visão da atuação coletiva nos países ditos liberais. Para ele, houve um desvirtuamento da ação desses grupos que, na falta de controle estatal, passaram a atuar de maneira egoísta e de forma a estabelecer uma concorrência com o próprio Estado: a anarquia

---

14 MANCUSO, op. cit.

individualista foi substituída por outra anarquia, muito mais terrível, aquela que nasce da insolência dos poderes coletivos capazes de levar ao fracasso os guardiões desarmados do interesse de todos.[15]

A relação indivíduo-coletividade deve ser vista de forma racional. Não se vislumbra aqui encontrar sua forma ideal ou perfeita, mesmo porque ela jamais será encontrada.

Segundo o jurista francês Edmond Bertrand, após a Revolução Francesa que consagrou o espírito liberal individualista, estamos assistindo

> a uma reação inversa, o impulso revolucionário da sociedade contra o indivíduo. Este é o mistério fundamental da Sociologia e do Direito: estar continuamente à procura de um equilíbrio rompido assim que estabelecido.[16]

No Código de Defesa do Consumidor (CDC) brasileiro os interesses coletivos estão conceituados como os interesses "transindividuais de natureza indivisível de que seja titular grupo, categoria ou classe de pessoas ligadas entre si ou com a parte contrária por uma relação jurídica base". É por isso que a coisa julgada, nas ações versando esse tipo de interesse, se forma "*ultra partes*, mas limitadamente ao grupo, categoria ou classe".[17]

Portanto, para a atuação eficaz dos interesses coletivos é necessária a sua organização, compondo-se assim vários segmentos ou corpos intermediários na sociedade civil.

Por tudo isso não é difícil perceber que há uma clara divisão entre os interesses privados/individuais, de um lado, e, de outro, os interesses metaindividuais que ultrapassam a ordem de atuação individual para se projetarem na de atuação coletiva, tal qual o Direito Ambiental.

---

15 RIVERO, Jean. Les droits de l'homme: droits individuels ou droits collectifs?. In: LES DROITS de l'homme – droits collectifs ou droits individuels: actes du colloque de Strasbourg des 13 et 14 mars 1979. Paris: Librairie Générale de Droit et de Jurisprudence, 1980; *Corps intermediaires et groupes d'intérêts*. Lyon: Chronique Sociale de France, 1954. (Tradução da autora.)

16 BERTRAND, Edmond. *De l'ordre économique à l'ordre collectif*: le droit privé français au milieu du XXe siècle. Paris: Librairie Générale de Droit et de Jurisprudence, 1950. t. 1. (Études offertes à Georges Ripert) (Tradução da autora.)

17 Lei n. 8.078/90 (Código de Defesa do Consumidor), art. 81, inc. II, e art. 103, inc. II.

3.2 Interesses difusos

Vimos que o interesse *coletivo*, como o nome indica, refere-se a uma realidade coletiva (por exemplo, família, profissão, categoria). É, assim, exercício coletivo de interesses coletivos, de fato, e não apenas na forma (exercício coletivo de interesses individuais).

Em função do termo "interesses metaindividuais" parte da doutrina entende que interesses coletivos e interesses difusos são sinônimos, tendo a mesma realidade ou diferenças insignificantes, e que ambos os termos sugerem o que é extenso e válido para muitas pessoas ou coisas.

Essa confusão é reforçada pelo uso indistinto de ambas as expressões para significar a mesma coisa. O eminente jurista italiano Mauro Cappelletti, por exemplo, fala que "interesses típicos deste mundo novo, como a saúde e ambiente natural, têm caráter 'difuso', 'coletivo', porque não pertencem a um só indivíduo enquanto tal, mas à coletividade".[18]

Pode ocorrer também que o termo *difuso* venha a qualificar o *coletivo*, como na visão de Henry Solus e Roger Perrot:

> A extrema diversidade das situações particulares que se unem e se justapõem no meio dos grupos faz que o interesse alegado não seja sempre um interesse direto e pessoal, mas um simples interesse coletivo muito mais difuso.[19]

Outros ainda veem esses dois termos como duas fases de uma mesma realidade, reconhecendo que um interesse possa ser difuso ou coletivo.

O Direito positivo brasileiro de todo modo consagrou a distinção: tanto a Constituição Federal (art. 129, inc. III), quanto a Lei da Ação Civil Pública (Lei n. 7.347/85, art. 1º, inc. IV, com nova redação dada pela Lei n. 8.078/90, art. 110) referem-se a direitos difusos e coletivos, o que pressupõe que tenham significados diferentes.

---

18 CAPPELLETTI, Mauro. Appunti sulla tutela giurisdizionale di interessi collettivi o diffusi. *Giurisprudenza italiana*, v. 127, 1975. (Tradução da autora.)

19 SOLUS, Henry; PERROT, Roger. *Droit judiciaire privé*. Paris: Sirey, 1966. t. 1. (Tradução da autora.)

A ideia seria fazer uma distinção: interesses coletivos seriam aqueles de um grupo de pessoas com interesses comuns só atingidos comunitariamente, ao passo que o interesse difuso não se caracterizaria por qualquer momento associativo.

Para Celso Bastos os interesses coletivos "dizem respeito ao homem socialmente vinculado", havendo, portanto, um "vínculo jurídico básico, uma geral *affectio societatis*", sendo os interesses difusos baseados "numa identidade de situações de fato", sujeitando-se a lesões de natureza "extensiva, disseminada e difusa".[20]

José Carlos Barbosa Moreira também insiste na distinção dessas expressões, em que pese à "relativa imprecisão do conceito". O autor mostra que há três planos, de complexidade crescente, em temas de direitos plurissubjetivos:

a) o primeiro alberga situações como o condomínio *pro indiviso* e o litisconsórcio;

b) o segundo compreende situações que apresentam uma relação base, legitimando cada um dos integrantes a postular, em nome próprio, direitos concernentes ao grupo (por exemplo, acionista, que pode demandar a anulação da assembleia geral de sociedade anônima);

c) o terceiro é formado por interesses que, "sendo comuns a uma coletividade de pessoas", não repousam necessariamente sobre uma relação base, sobre um vínculo jurídico que os agregue. Tais interesses, como o autor observa, vêm sendo chamados pela doutrina italiana de *coletivos* ou *difusos*.[21]

Por tudo isso, pode-se afirmar que há duas diferenças básicas entre o que se convencionou chamar interesses *difusos* e *coletivos*:

a) *de ordem quantitativa*: inegavelmente o interesse difuso concerne a um universo maior do que o interesse coletivo, *uma vez que pode concernir até mesmo a toda a humanidade*. O interesse coletivo apresenta menor complexidade, pelo fato de estar vinculado e adstrito a uma relação base, o que o liga a grupos sociais definidos;

---

20 BASTOS, Celso. A tutela dos interesses difusos no Direito Constitucional brasileiro. *Revista de Processo*. São Paulo: Revista dos Tribunais, n. 23, jul./set.1981.

21 BARBOSA MOREIRA, José Carlos. A ação popular no Direito brasileiro como instrumento de tutela jurisdicional dos chamados interesses difusos. In: _____. *Temas de Direito Processual*. São Paulo: Saraiva, 1977.

b) *de ordem qualitativa*: o interesse coletivo resulta do homem como dimensão coorporativa, ao passo que *o interesse difuso resulta do homem, considerado simplesmente enquanto ser humano.*

Eis porque é tão grande a importância da distinção entre esses dois conceitos. Ambos estão em estágios diferentes de elaboração jurídica. Os interesses coletivos já se encontram bastante interpretados na doutrina e na jurisprudência, sendo a técnica jurídica dotada de meios para solucionar, por exemplo, seus problemas quanto à legitimação para agir. Os direitos difusos, por outro lado, não contam com mais de uma década de elaboração jurídica específica propriamente, em certo modo, continuando um *"personaggio assolutamente misterioso"* [caráter absolutamente misterioso].[22]

Por fim, se fosse possível fazer uma escala evolutiva de interesses, teríamos:

a) *interesses essencialmente individuais*, de captação e fruição pelo indivíduo isoladamente considerado;

b) *interesses sociais*, que são interesses pessoais, do grupo visto como pessoa jurídica;

c) *interesses coletivos*, que depassam as esferas anteriores, mas se restringem a valores concernentes a grupos sociais ou categorias bem definidas;

d) *interesse geral ou público*, referente, principalmente, à coletividade representada pelo Estado, se exteriorizando em certos padrões estabelecidos, ou *standards* sociais, como "bem comum", "segurança pública", "saúde pública" etc.

Contudo, haveria ainda certos interesses que, dadas suas características, não se enquadrariam nessas categorias, por apresentarem grau de coletivização ainda maior que o interesse público ou geral. São os chamados *interesses difusos, que se caracterizam justamente pela fluidez de seu conteúdo* (por exemplo, "a qualidade de vida"). Isso ensejou na doutrina italiana a chamada *conflittualità massima* [conflitualidade máxima]. Poder-se-ia dizer então que, enquanto o interesse público ou geral diz respeito ao cidadão, ao Estado e ao Direito, os interesses difusos tratariam do Homem, da Nação e do Justo. O que nos leva a uma quinta categoria:

---

22 VILLONE, Massimo. La collocazione istituzionale dell'interesse diffuso. In: _____. *La tutela degli interessi diffusi nel diritto comparato*. Milano: Giufré, 1976. (Tradução da autora.)

e) *interesses difusos*, que excedem o interesse público ou geral e se caracterizam pelo alto grau de desagregação ou *atomização*, referindo-se a um contingente indefinido de indivíduos e a cada um, ao mesmo tempo.

Historicamente, deu-se importância apenas aos interesses subjetivos, individuais, que ascenderam à condição de direitos ao serem inseridos em uma norma atributiva de poder, sendo-lhe outorgada uma tutela especial (sanção e possibilidade de contraste jurisdicional). "Se a ação da justiça tem por fundamento a proteção dos direitos subjetivos, é normal exigir que o interesse alegado seja um interesse direto e pessoal."[23]

No entanto, não é de hoje que existem os interesses difusos, como tais, independentemente de seu reconhecimento pelo Direito. Na verdade, pode-se dizer que eles já eram conhecidos pelos romanos, se assumirmos que são "direitos públicos, que chamávamos difusos, [os] que não se concentram no povo considerado como entidade, mas que têm por próprio titular realmente cada um dos participantes da comunidade".[24]

Nesse contexto é compreensível que esses bens não fossem tutelados juridicamente de forma adequada e passassem despercebidos, uma vez que se caracterizam pela impossibilidade de apropriação pessoal. Chegou-se até mesmo ao extremo de considerá-los intuteláveis, sob o prisma de que se um direito não concerne a um indivíduo determinado, então ele não concerne a ninguém: "Segundo a opinião dominante em jurisprudência e em doutrina, o interesse da classe não pode ter proteção judiciária, enquanto diz respeito à situação subjetiva não diferenciada".[25]

O início da invocação desses direitos difusos ter-se-ia dado com a Revolução Industrial e a constatação de que os tradicionais valores individuais do século XIX seriam sufocados pela *sociedade de massa*, que naquela época passou a se fortalecer. E foi na segunda metade do século XX que os direitos difusos afloraram de fato.

---

23 SOLUS; PERROT, op. cit. (Tradução da autora.)

24 NERY JR., Nelson. *A ação civil pública e a tutela jurisdicional dos interesses difusos*. São Paulo: Saraiva, 1984.

25 BERTONI, Raffaele. Giudici e interessi diffusi. *La giustizia penale*, n. VIII-IX, parte III, ago./set. 1979. (Tradução da autora.)

A constatação de que na *sociedade de massa não há lugar para o homem enquanto indivíduo isolado* é importante e irrefutável, pois mostra que os indivíduos são assim agrupados em grandes classes ou categorias – *normatizados*, se assim se pode dizer.

3.3 Características básicas dos interesses difusos

A questão da determinação das características dos chamados interesses difusos é objeto de profundo estudo do professor e jurista Rodolfo de Camargo Mancuso. Segundo ele, os interesses difusos apresentariam como características básicas: a indeterminação dos sujeitos; a indivisibilidade do objeto; a intensa litigiosidade interna; e a transição ou mutação no tempo e no espaço.

A indeterminação dos sujeitos

Os interesses juridicamente protegidos (os direitos subjetivos) guardam obrigatoriamente forte vínculo com a sua titularidade, sendo apenas esses interesses juridicamente qualificados e sujeitos a uma sanção na hipótese de não serem respeitados. Os interesses difusos, por sua vez, se referem a um conjunto indeterminado ou dificilmente determinável de sujeitos. Isto é, de certa forma, revolucionário, em relação ao sistema tradicional, visto que a tutela não pode mais ter por base a titularidade, e sim a relevância em si do interesse (relevância social).

> Assim, quando muitos sujeitos estão aglutinados em grupos bem estruturados, definidos, o Direito já se encarregou, em certa medida, de lhes atribuir tutela razoável, como ocorre com os sindicatos enquanto portadores de interesses coletivos. Mas resta sem solução a situação dos interesses que, por natureza, são difusos, isto é, não comportam aglutinação em grupos sociais definidos a priori.[26]

A indivisibilidade do objeto

Os direitos difusos são indivisíveis, uma vez que é impossível sua repartição em quotas por grupos ou indivíduos preestabelecidos. Como afir-

---

26 MANCUSO, Rodolfo de Camargo. *Ação civil pública*. 12. ed. São Paulo: Revista dos Tribunais, 2011. v. 1.

ma José Carlos Barbosa Moreira, trata-se de uma "espécie de comunhão, tipificada pelo fato de que a satisfação de um só implica, por força, a satisfação de todos, assim como a lesão de um só constitui, *ipso facto*, lesão da inteira coletividade".[27]

Os interesses difusos apresentam, portanto, uma estrutura própria e muito peculiar, não tendo contornos normativos (como os direitos subjetivos) ou estabelecidos em grupos definidos (como os interesses coletivos).

A intensa litigiosidade interna

Nas questões que envolvem direitos subjetivos e direitos coletivos (grupos) verifica-se claramente a chamada "litigiosidade definida". Ocorre lide, controvérsia e demanda, mas não de caráter difuso.

Quanto aos interesses difusos, pode-se dizer que se trata de

> interesses espalhados e informais à tutela de necessidades, também coletivas, sinteticamente referidas à "qualidade de vida". E essas necessidades e esses interesses, de massa, sofrem constantes investidas, frequentemente também de massa, contrapondo grupo *versus* grupo, em conflitos que se coletivizam em ambos os polos.[28]

Depreende-se, de tudo isso, que esses conflitos não guardam mais as mesmas dimensões dos antigos conflitos básicos individualistas do Direito romano.

Por fim, não se trata de situações originadas por um vínculo jurídico determinado, e sim de situações de fato contingentes e, por vezes, ocasionais. Não se trata, portanto, de direitos violados ou ameaçados, mas de interesses de todos.

A maioria das doutrinas, sobretudo a italiana, é unívoca em reconhecer a *conflittualità massima* como característica dos interesses difusos.

---

27   BARBOSA MOREIRA, op. cit.

28   GRINOVER, Ada Pellegrini. Novas tendências na tutela jurisdicional dos interesses difusos. *Revista do Curso de Direito da Universidade Federal de Uberlândia*. Uberlândia: UFU, v. 13, n. 1/2, 1984.

Transição ou mutação no tempo e no espaço

Os interesses difusos, em geral, apresentam-se ligados a situações de fato e não a um vínculo jurídico básico.

Daí se entender que eles são mutáveis, como essas situações de fato, podendo com elas desaparecer ou reaparecer. Essa é uma diferença crucial entre os direitos e os interesses.

Os direitos estão presos ao plano ético-normativo, sem plasticidade, e esgotam sua função quando outorgam uma prerrogativa a seu titular, ou inovam na ordem jurídica, criando, modificando ou extinguindo o *status quo* anterior.

Os interesses, por sua vez, são oriundos do plano fático (*existência--utilidade*) e tendem a repetir-se e transformar-se indefinidamente. Assim ocorre, também, com os chamados interesses difusos.

Essa qualidade de transição ou de natureza mutável dos interesses difusos tem também consequências nem sempre desejadas, como a irreparabilidade da lesão, em termos substanciais. Uma vez lesados os elevados interesses da sociedade, como o meio ambiente e o direito dos consumidores, o Direito não poderá repará-los integralmente (não são valores fungíveis, suscetíveis de reparação por ressarcimento pecuniário). Ora, que dinheiro irá reparar danos causados pelos efeitos da poluição em um rio e sua população ribeirinha?

De tudo isso se pode depreender que não é simples a problemática jurídica envolvendo todas essas questões. A recente criação de tribunais especializados na área de Direito Ambiental possibilita a existência de *fórum* adequado para que haja o debate dos conceitos aqui tratados. E o Poder Judiciário cumpre importante papel de uniformizar esses conceitos.

O professor Kazuo Watanabe nos ensina a "ter visão mais crítica do processo, de modo que tenha ele maior aderência à realidade social" ao que denomina instrumentalismo substancial (em oposição ao instrumentalismo nominal ou formal).[29] Segundo o professor, há duas formas de se chegar a esse instrumentalismo substancial:

---

29 GRINOVER, Ada Pellegrini; DINAMARCO, Candido R.; WATANABE, Kazuo (Orgs.). *Participação e processo*. São Paulo: Revista dos Tribunais, 1988.

a) a de direito material: com exigências próprias, que devem encontrar soluções no plano processual (art. 84 do CDC);

b) a de direito processual: o processo deve dar, quando for possível praticamente, a quem tenha um direito, tudo e exatamente aquilo que ele tenha direito de conseguir.

Trata-se, portanto, da busca de "novos tipos de provimento, de procedimentos diferenciados, aceleração e simplificação dos procedimentos existentes, antecipação da tutela, dosagem adequada da amplitude e intensidade da cognição, facilitação da prova, tutela jurisdicional de interesses supraindividuais, facilitação do acesso à justiça".[30] Tal é, por exemplo, o caso da Lei da Ação Civil Pública.

Para o Direito Ambiental, ambas são fundamentais e se completam. Nesse sentido, há de se citar também o entendimento de Cappelletti, que considera que nesse novo tipo de processo civil se visa ao interesse difuso, uma vez que a lei substantiva o transforma em direito.[31]

O professor Celso Antonio Pacheco Fiorillo[32] também segue essa linha de raciocínio, pautando-se pela real necessidade de leis que convertam os interesses difusos em direitos sociais, dando-lhes efetividade normativa e substancial, a fim de que possam ser tutelados juridicamente. Isso veio a ocorrer com o CDC, lei que inovou ao estabelecer o exato conceito dos denominados interesses ou direitos difusos, em seu art. 81:

> Interesses ou direitos difusos, assim entendidos para efeitos deste Código, os transindividuais de natureza indivisível, de que sejam titulares pessoas indeterminadas e ligadas por circunstâncias de fato.

Esse Código está relacionado com a Lei de Ação Civil Pública, conforme determinam seus artigos 90, 110 e 117, que definem claramente os tipos de direito considerados difusos, notadamente:

---

30   Ibid.
31   CAPPELLETI, Mauro. *Tutela dos interesses difusos*. Ajuris, Porto Alegre: Associação dos Juízes do RS, n. 33, p. 174, 1985.
32   FIORILLO, Celso Antonio Pacheco. A ação civil pública e a defesa dos direitos constitucionais difusos. In: MILARÉ, Édis. (Coord.). *Ação civil pública*. São Paulo: Revista dos Tribunais, 1995.

a) os direitos transindividuais, o que se entende na definição de Rodolfo de Camargo Mancuso, como sendo os que "depassam a esfera de atuação dos indivíduos isoladamente considerados, para surpreendê-los em sua dimensão coletiva";[33]

b) os direitos de natureza indivisível, ou seja, "a satisfação de um só implica, por força, a satisfação de todos, assim como a lesão de um só constitui, *ipso facto*, lesão da inteira coletividade";[34]

c) os direitos cujos titulares são pessoas indeterminadas ligadas por circunstâncias de fato, que, por sua vez, podem ser lesões passíveis de serem disseminadas por um número indefinido de pessoas, tanto uma comunidade ou uma etnia, quanto toda a humanidade.

Todas essas questões têm em mente o princípio da inafastabilidade do controle jurisdicional que "assegura uma tutela contra qualquer forma de denegação da justiça".[35] Essa necessidade se acentua pelo fato de serem sempre mais notórias

> a criação sistemática de leis que privilegiam mais a eficácia de planos econômicos do que a equidade e a justiça das relações jurídicas, a crescente administração do direito que é utilizado como instrumento de governo, economia de massa a gerar intensa conflituosidade, configuração coletiva dos conflitos de interesses relativos a relevantes valores da comunidade, como o meio ambiente e outros interesses difusos.[36]

---

33 MANCUSO, *Ação civil pública*.
34 BARBOSA MOREIRA, op. cit.
35 Constituição Federal, art. 5, inc. XXXV.
36 GRINOVER; DINAMARCO; WATANABE, op. cit.

Capítulo 3

O ordenamento jurídico e a política nacional de proteção ambiental

1. Federalismo

O Brasil é uma República Federativa que compreende a União, os estados, o distrito federal e os municípios, todos autônomos, nos termos da Constituição de 1988 (artigos 1 e 18). Quando se fala em federalismo, quer-se referir a uma forma de Estado, denominada Federação ou Estado Federal, caracterizado pela união de coletividades políticas autônomas. As coletividades públicas que se entrelaçam para formar a Federação são denominadas Estados-Membros.

Fica claro então que o cerne do conceito de Estado Federado é a existência de dois tipos de entidades: União e Estados Federados (Estados-Membros). O Estado Federado é o todo, dotado de personalidade jurídica de Direito Público Internacional. Já a União é a entidade federal dotada de personalidade jurídica de Direito Público Interno, autônoma em relação aos Estados-Membros e a quem cabe o exercício das prerrogativas de soberania do Estado brasileiro.

A autonomia federativa assenta-se em dois elementos básicos: existência de órgãos governamentais próprios com participação da população e posse de competência exclusiva. A Constituição reconhece esses elementos às entidades federativas brasileiras: União, estados, municípios e distrito federal.

2. O ordenamento jurídico brasileiro

O Estado por sua vez é constituído de três elementos, povo, território e governo soberano. No Estado moderno, a soberania é característica formal básica, e identifica o poder de fazer leis, isto é, criar o direito, bem como se autolimitar nessa atividade legiferante; o Estado soberano vem a ser, destarte, Estado de Direito.

Segundo a divisão clássica de Montesquieu, os poderes do Estado são o Legislativo, o Executivo e o Judiciário. Estes, entretanto, não devem ser considerados autônomos e independentes uns dos outros, pois a separação visa, acima de tudo, ao equilíbrio entre os Poderes. Portanto, devem ser exercidos de forma harmoniosa, como, aliás, tacitamente expresso na Constituição Federal brasileira.

A organização administrativa do Estado deve sempre ser feita pela Constituição Federal. No dizer de Bonavides,

> constituição é o conjunto de normas pertinentes à organização do poder, à distribuição da competência, ao exercício da autoridade, à forma de governo, aos direitos da pessoa humana, tanto individual como sociais.[1]

No âmbito do meio ambiente, é nesta *lei maior* que serão encontradas as regras *básicas*, as diretrizes, a linha geral. E nossa Constituição de 1988 pode, como assegura Garcia, "ser considerada marco histórico"[2], e isso por duas razões. Primeiro, porque dedicou todo um capítulo ao tema, anteriormente nem tratado em nível constitucional. Segundo, porque inovou na forma de repartir os poderes e respectivas competências.

3. A nova ordem jurídica constitucional

Sabemos todos que o texto promulgado em 1988 traz grandes novidades para o cenário brasileiro, e não apenas quanto à proteção ambiental. Entre outros tantos, tivemos avanço quanto aos direitos e às garantias individuais, à organização do Estado e à ordem econômica, social e ambiental.

De pontos dispersos pelo texto constitucional podem-se retirar regras e princípios que serão usados no trato da questão que ora se aborda. Entre as novidades constitucionais, há de se destacar aqui a elevação do município à condição de unidade federada, a repartição de competência e a previsão do meio ambiente em um capítulo especial.

Além de ser novidade quanto à tradição constitucional brasileira, a atual Federação não se assemelha a qualquer outra estrutura de organização federativa que seja do meu conhecimento: trata-se de uma Federação Tripartite.

A assunção ao caráter de ente federado trouxe ao município alguns novos traços de ordem política e jurídica, notadamente quanto à sua autonomia, à sua capacidade de auto-organização e a seu governo.

---

1   BONAVIDES, Paulo. *Direito Constitucional.* 2. ed. Rio de Janeiro: Forense, 1996.

2   GARCIA, José Carlos Cal. *Linhas mestras da Constituição de 1988.* São Paulo: Saraiva, 1989.

Entre essas, a que menos novidades trouxe foi a de governo. A municipalidade continua sendo dirigida por um prefeito e por uma Câmara de vereadores, todos diretamente eleitos pela comunidade local. O que muda, na verdade, é a atribuição de novas tarefas para a administração municipal, por força da nova autonomia e da auto-organização.

Fica claro, então, que a Carta de 1988 veio dar nova feição à matéria ambiental no Brasil, outrora apenas objeto de leis esparsas, entre as quais avultam, pela importância, a Política Nacional do Meio Ambiente, de 1981, e o Controle da Poluição do Estado de São Paulo, existente desde 1976.

Como pondera Antunes, "o meio ambiente foi erigido em direito pela ordem política vigente; esse fato, sem dúvida, pode se revelar um notável campo para a construção de toda uma série de garantias que venham a assegurar uma efetiva melhoria da qualidade de vida dos cidadãos brasileiros".[3]

O notável professor português Jorge Miranda, em trabalho de introdução, organização e tradução de diversas Constituições,[4] nos possibilitou constatar que não têm referência expressa ao meio ambiente as Constituições da Holanda (1983), da França (1958), do México (1917), de Angola (1975) e da Nigéria (1976). Já a da Espanha (1978) revela preocupação de tal ordem, muito embora apenas em um artigo (art. 45), assim como a de Portugal (1976, art. 66). Esse dispositivo mereceu de Canotilho e Moreira a observação de que "o direito ao ambiente constitui uma relativa originalidade em Direito Constitucional comparado; mas constitui certamente uma originalidade absoluta nos termos em que é garantido neste artigo" da Constituição Federal brasileira de 1988.[5]

O certo é que, em algumas cartas constitucionais, nada consta sobre o assunto em questão, tudo remetendo à legislação ordinária. Em outras, mais modernas, um ou outro dispositivo eleva o tema a nível constitucional. Todavia, sem o realce que aqui, se comparado a vários países, se dá ao assunto.

Na verdade, temos um texto constitucional avançado, que coloca o Brasil em posição de vanguarda. Observa-se, por exemplo, a redação do art.

---

3 ANTUNES, Paulo de Bessa. *Curso de Direito Ambiental*. Rio de Janeiro: Renovar, 1990. p. 64.

4 MIRANDA, Jorge. *Constituições de diversos países*. Lisboa: Imprensa Nacional, 1979.

5 CANOTILHO, J. J. Gomes; MOREIRA, Vital. *Constituição da República Portuguesa anotada*. 2. ed. Coimbra: Coimbra Editora, 1984.

225, *caput*, da Carta Magna. Como foi exposto, nela se coloca a coletividade ao lado do Poder Público no dever de defender o meio ambiente e preservá-lo para as presentes e as futuras gerações. Outro aspecto importante é o da exigência de estudo prévio do impacto ambiental para a instalação de obra ou de atividade potencialmente causadora de significativa degradação do meio ambiente.

Notáveis, ainda, são a exigência de promover-se a Educação Ambiental em todos os níveis de ensino e a iniciativa inovadora de sujeitar as pessoas jurídicas a responder processo criminal.

E não é só nesse Capítulo VI que se acham dispositivos de destaque. O constituinte facultou ao cidadão valer-se da ação popular, conforme art. 5º, inc. LXXIII, e atribui ao Ministério Público a função institucional de promover investigações e ações para a proteção do meio ambiente, como se vê no art. 129, inc. III.

Em suma, temos uma Constituição Federal que, em matéria de meio ambiente, situa-se em posição pioneira e possibilita ao Poder Público e à coletividade os meios necessários para a tutela desse bem comum da humanidade.

4. A política nacional de proteção ambiental

Durante a década de 1970, o governo brasileiro – em parte por causa do impacto político da Conferência das Nações Unidas sobre o Ambiente Humano (CNUMAH), realizada em junho de 1972, em Estocolmo, Suécia, em parte por causa do próprio estado crítico de degradação ambiental que algumas áreas do país começavam a revelar – deu início ao desenvolvimento de uma linha de política pública (e à montagem dos arranjos administrativos necessários à sua implementação) voltada para a conservação do meio ambiente, a partir de uma perspectiva moderna. A criação da Secretaria Especial do Meio Ambiente (SEMA), em 1973, o estabelecimento de uma série de unidades de conservação (parques nacionais, reservas biológicas, estações ecológicas), os primeiros estudos para a formulação de uma política de meio ambiente de alcance nacional são indicadores objetivos dessa orientação.[6]

---

6   Informações obtidas no site do Ministério do Meio Ambiente. Disponível em: <http://mma.gov.br/tomenota.cfm?tomenota=/port/se/pnma/index.html&titulo=PNMA>. Acesso em: 2000.

No início da década de 1980, foi instituído o Sistema Nacional do Meio Ambiente (Sisnama) e definidos os principais instrumentos de uma política global relativa a essa área, já orientada, porém, para execução descentralizada, com repartição de responsabilidades sobre o meio ambiente entre as três esferas de governo e participação da sociedade civil.

Nos anos seguintes, com a redemocratização do país (1985), a atividade crescente dos movimentos sociais ambientalistas e a nova força exercida por esses movimentos sobre a política internacional e o mercado fizeram que também crescesse no Brasil o reconhecimento de que um processo de desenvolvimento eficiente e sustentável a longo prazo só pode ser alcançado com uso e aplicação de instrumentos de preservação e recuperação.

Até o ano de 1988, a área de meio ambiente já havia emergido como objeto de análise política, institucional e estratégica; uma entidade federal – a Secretaria Especial do Meio Ambiente (Sema), órgão central do Sisnama, na época – estava funcionando havia cerca de quinze anos; um Ministério do Desenvolvimento Urbano e Meio Ambiente havia sido criado e extinto; a maioria dos estados da Federação havia instalado, com maior ou menor *status* organizacional, seu órgão de controle ambiental e editado alguma legislação específica, aplicável em sua área de jurisdição.

Entretanto, o Sisnama ainda não havia se estabelecido como unidade orgânica; a área ambiental não definira sua fronteira de atuação, havia vácuos de competência, de um lado, e conflitos de jurisdição, de outro. Faltavam recursos para a implementação de ações relativamente simples, assim como capacitação institucional, recursos materiais e tecnológicos, metodologias e instrumentos até mesmo para a aplicação eficaz da legislação existente. Naquele ano, contudo, o "direito de todos a um meio ambiente sadio" adquiriu sede constitucional, foi lançado o Programa Nossa Natureza para controle da degradação ambiental, especialmente na Amazônia, e criado o Instituto Brasileiro do Meio Ambiente e dos Recursos Naturais Renováveis (Ibama), vinculado ao Ministério do Interior.

Em 1981, a Lei Federal n. 6.938 cria a Política Nacional do Meio Ambiente (PNMA) que tem como objetivo a preservação, a melhoria e a recuperação da qualidade ambiental propícia à vida, visando a assegurar o desenvolvimento socioeconômico, o interesse de segurança nacional e a proteção da dignidade da vida humana. Para isso, a política determina os *princípios*:

a) ação governamental na manutenção do equilíbrio ecológico, considerando o meio ambiente um patrimônio público a ser necessariamente assegurado e protegido, tendo em vista o uso coletivo;

b) racionalização do uso do solo, do subsolo, da água e do ar;

c) planejamento e fiscalização do uso dos recursos ambientais;

d) proteção dos ecossistemas, com a preservação de áreas representativas;

e) controle e zoneamento das atividades potencial ou efetivamente poluidoras;

f) incentivos ao estudo e à pesquisa de tecnologia orientadas para o uso racional e a proteção dos recursos ambientais;

g) acompanhamento do estado da qualidade ambiental;

h) recuperação de áreas degradadas;

i) proteção de áreas ameaçadas de degradação;

j) Educação Ambiental a todos os níveis do ensino, inclusive a educação da comunidade, objetivando capacitá-la para agir na defesa do meio ambiente.

E tem como *objetivos*:

a) compatibilização do desenvolvimento econômico e social com a preservação da qualidade do meio ambiente e do equilíbrio ecológico;

b) definição de áreas prioritárias de ação governamental relativa à qualidade e ao equilíbrio ecológico, atendendo aos interesses da União, dos estados, do distrito federal e dos municípios;

c) estabelecimento de critérios e padrões de qualidade ambiental e normas relativas ao uso e manejo de recursos ambientais;

d) desenvolvimento de pesquisas e de tecnologia nacionais orientadas para o uso racional de recursos ambientais;

e) difusão de tecnologia de manejo do meio ambiente, divulgação de dados e informações ambientais e formação de uma consciência pública sobre a necessidade de preservação da qualidade ambiental e do equilíbrio ecológico;

f) preservação e restauração dos recursos ambientais com vistas à sua utilização racional e disponibilidade permanente, concorrendo para a manutenção do equilíbrio ecológico propício à vida;

g) imposição, ao poluidor e ao predador, da obrigação de recuperar e/ou indenizar os danos causados e da contribuição pela utilização de recursos ambientais com fins econômicos.

Quanto às diretrizes da PNMA, a regra determina que serão feitas em forma de planos e normas, não por outro motivo senão porque isso vincula a orientação preservacionista do meio ambiente aos *planos de ordenação territorial e de desenvolvimento econômico e social*, que cabe à União elaborar e executar por força dos artigos 21, inc. IX, e 174, parágrafo 1º, da Constituição Federal.

A Constituição exige a elaboração e a execução de plano de ordenação do território e de desenvolvimento econômico e social. Não cabe ao Governo Federal, portanto, a liberdade de escolha de seu conteúdo. É relativa essa liberdade porque hão de ser observados os *objetivos e princípios* que a lei fixou para a *política ambiental*.

Por tal fato, está determinado que para a execução da PNMA cumpre ao Poder Público, nos seus diferentes níveis de governo:

a) manter a fiscalização permanente dos recursos ambientais, visando à compatibilização do desenvolvimento econômico com a proteção do meio ambiente e do equilíbrio ecológico;

b) proteger as áreas representativas de ecossistemas mediante a implantação de unidades de conservação e preservação ecológica;

c) manter, através de órgãos especializados da Administração Pública, o controle permanente das atividades potencial ou efetivamente poluidoras, de modo a compatibilizá-las com os critérios vigentes de proteção ambiental;

d) incentivar o estudo e a pesquisa de tecnologias para o uso racional e a proteção dos recursos ambientais, utilizando nesse sentido os planos e programas regionais ou setoriais de desenvolvimento industrial e agrícola;

e) implantar, nas áreas críticas de poluição, um sistema permanente de acompanhamento dos índices locais de qualidade ambiental;

f) identificar e informar, aos órgãos e entidades do Sisnama, a existência de áreas degradadas ou ameaçadas de degradação, propondo medidas para sua recuperação;

g) orientar a educação, em todos os níveis, para a participação ativa do cidadão e da comunidade na defesa do meio ambiente, cuidando para que os currículos escolares das diversas matérias obrigatórias contemplem o estudo da ecologia.

5. Estrutura político-administrativa de proteção do meio ambiente – Sistema Nacional do Meio Ambiente

Para que possamos entender a atuação e a implantação da PNMA, após vinte anos de sua implantação, é necessário e importante analisar a estruturação dos organismos ambientais do Sisnama destinados à proteção do meio ambiente.

O Sisnama foi instituído pela Lei n. 6.938, de 31 de agosto de 1981, regulamentada pelo Decreto n. 99.274, de 6 de junho de 1990, sendo constituído pelos órgãos e entidades da União, dos estados, do distrito federal e dos municípios e pelas fundações instituídas pelo Poder Público, responsáveis pela proteção e pela melhoria da qualidade ambiental, e tem a seguinte estrutura atual:

a) *Órgão Superior*: Conselho de Governo, Conselho Superior do Meio Ambiente (CSMA), com a função de assessorar o presidente da República na formulação da política nacional e das diretrizes governamentais para o meio ambiente e os recursos ambientais (redação dada pela Lei n. 8.028, de 1990).

b) *Órgão Consultivo e Deliberativo*: Conselho Nacional do Meio Ambiente (Conama), com a finalidade de assessorar, estudar e propor ao Conselho de Governo diretrizes de políticas governamentais para o meio ambiente e os recursos naturais e deliberar, no âmbito de sua competência, sobre normas e padrões compatíveis com o meio ambiente ecologicamente equilibrado e essencial à sadia qualidade de vida; suas competências estão elencadas no art. 7º do Decreto 9.9724/90 (redação dada pela Lei n. 8.028, de 1990).

c) *Órgão Central*: Secretaria do Meio Ambiente da Presidência da República (Semam), atual Ministério do Meio Ambiente, com a finalidade de planejar, coordenar, supervisionar e controlar, como órgão federal, a política nacional e as diretrizes governamentais fixadas para o meio ambiente (redação dada pela Lei n. 8.028, de 1990).

d) *Órgão Executor*: Instituto Brasileiro do Meio Ambiente e dos Recursos Naturais Renováveis (Ibama), com a finalidade de executar e fazer executar, como órgão federal, a política e as diretrizes governamentais fixadas para o meio ambiente (redação dada pela Lei n. 8.028, de 1990).

e) *Órgãos Seccionais*: órgãos ou entidades estaduais responsáveis pela execução de programas e projetos e pelo controle e fiscalização de atividades capazes de provocar a degradação ambiental (redação dada pela Lei n. 7.804, de 1989).

f) *Órgãos Locais*: órgãos ou entidades municipais, responsáveis pelo controle e pela fiscalização dessas atividades, nas suas respectivas jurisdições (incluído pela Lei n. 7.804, de 1989).

Veja fluxograma exemplificativo a seguir.

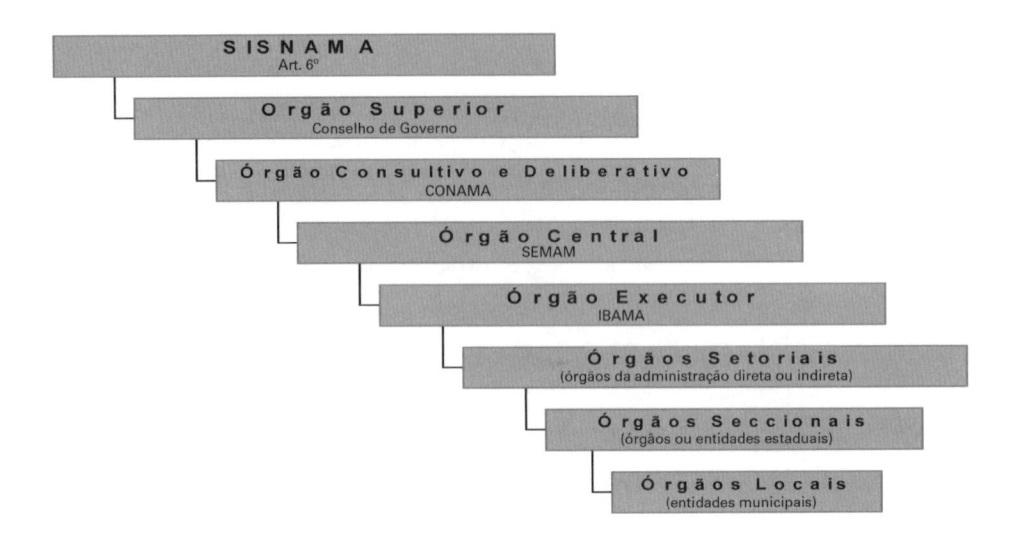

```
SISNAMA
Art. 6º
    └─ Orgão Superior
       Conselho de Governo
           └─ Órgão Consultivo e Deliberativo
              CONAMA
                  └─ Órgão Central
                     SEMAM
                         └─ Órgão Executor
                            IBAMA
                                └─ Órgãos Setoriais
                                   (órgãos da administração direta ou indireta)
                                       └─ Órgãos Seccionais
                                          (órgãos ou entidades estaduais)
                                              └─ Órgãos Locais
                                                 (entidades municipais)
```

A atuação do Sisnama se dará mediante articulação coordenada dos órgãos e entidades que o constituem, observado o acesso às informações relativas às agressões ao meio ambiente e às ações de proteção ambiental, na forma estabelecida pelo Conama.

Cabe aos estados, ao distrito federal e aos municípios a regionalização das medidas emanadas do Sisnama, elaborando normas e padrões supletivos e complementares.

Os órgãos seccionais prestarão informações sobre seus planos de ação e programas em execução, consubstanciadas em relatórios anuais, que serão consolidados pelo Ministério do Meio Ambiente, em um relatório anual sobre a situação do meio ambiente no país, a ser publicado e submetido à consideração do Conama, em sua segunda reunião do ano subsequente.

Capítulo 4

Competências constitucionais em matéria ambiental na visão paulista

1. Repartição de competência

A Carta de 1988 trata da organização do Estado no Título III, artigos 18 a 43. Discorre sobre a organização político-administrativa, estabelecendo que dela fazem parte a União, os estados, o distrito federal e os municípios. Gozam todos de autonomia.

Nas palavras de José Afonso da Silva, a repartição de competências entre a União, os estados, os municípios e o distrito federal constitui o fulcro de nosso Estado Federal, dando origem a uma estrutura estatal complexa, em que se manifestam diversas esferas governamentais sobre a mesma população e o mesmo território: a esfera da União, a de cada estado ou do distrito federal e a de cada município.[1]

Como já citamos no capítulo anterior, a teoria do federalismo costuma dizer que a repartição de poderes autônomos constitui o núcleo do conceito do Estado Federal. Poderes, aí, significa a porção de matéria que a Constituição distribui entre as entidades autônomas e que passa a compor seu campo de atuação governamental, sua área de competência. Competência, assim, são as diversas modalidades de poder de que se servem os órgãos ou entidades estatais para realizar suas funções e tarefas e para prestar serviços.

O sistema de repartição de competências entre as entidades da Federação brasileira é bastante complexo. A Constituição de 1988 busca realizar o equilíbrio federativo por meio de uma repartição de competências que se fundamenta na técnica *da enumeração dos poderes* da União (artigos 21 e 22), com poderes remanescentes para os estados (art. 25, parágrafo 1º) e poderes definidos indicativamente para os municípios (artigos 29 e 30), mas combina, com essa reserva de campos específicos, *áreas comuns* em que se preveem atuações paralelas da União, estados, distrito federal e municípios (art. 23) e setores *concorrentes* entre União e estados em que a competência para estabelecer políticas, diretrizes e normas gerais cabe à União, ao passo que aos estados e até aos municípios se defere a competência *suplementar* (artigos 24 e 30).

Pois bem, essa é a repartição de competência para legislar. Nas palavras de José Afonso da Silva,

---

1 SILVA, José Afonso da. *Direito Ambiental Constitucional*. São Paulo: Malheiros, 1994.

o princípio geral que norteia a repartição de competência entre as entidades componentes do Estado Federal é o da predominância do interesse, segundo o qual à União caberão aquelas matérias e questões de predominante interesse geral, nacional, ao passo que os estados tocarão as matérias e os assuntos de predominante interesse regional, e aos municípios concernem os assuntos de interesse local, tendo a Constituição vigente desprezado o velho conceito do peculiar interesse local que não lograra conceituação satisfatória num século de vigência.[2]

O sistema adotado pelo regulamento constitucional representou, inquestionavelmente, também um avanço para a proteção ambiental, uma vez que, anteriormente, exercia a União plenos poderes sobre o assunto, desconhecendo as peculiaridades regionais e locais.

Na prática, é claro, são encontradas diversas dificuldades para discernir o que é interesse nacional, regional e local. O certo é que a repartição de poderes deve atender mais aos interesses da coletividade.

2. Meio ambiente na Constituição Federal

A Constituição Federal de 1988 garante o direito de todos ao meio ambiente ecologicamente equilibrado e essencial à sadia qualidade de vida. Além disso, conceitua o meio ambiente como "bem de uso comum do povo", e dessa forma, inapropriável e extracomércio, por isso, dita no inc. II de seu art. 20 que são bens da União "as terras devolutas indispensáveis à defesa das fronteiras e à preservação ambiental, definidas em lei".

Como já dito, para tratar dessa garantia, a Constituição Federal atribui competências diferenciadas para a União, os estados, o distrito federal e os municípios, ditando suas competências comuns, que tem como objetivo uniformizar o desenvolvimento e o bem-estar nacional, e concorrente.

Segundo o art. 24 (incs. I, VI, VIII) da Constituição Federal, compete à União, aos estados e ao distrito federal legislar concorrentemente sobre: direito urbanístico; florestas; caça; pesca; fauna; conservação da natureza; defesa do solo e dos recursos naturais; proteção ao patrimônio histórico, cultural, turístico e paisagísti-

---

2   SILVA, José Afonso da. *Curso de Direito Constitucional positivo*. 5. ed. São Paulo: Revista dos Tribunais, 1988.

co; e também sobre a responsabilidade por dano ao meio ambiente. Dessa forma, enseja-se a possibilidade de iniciativa na área da legislação ambiental por parte dos estados e distrito, se a União se mantiver inerte (art. 24, parágrafo 3º).

É evidente que a norma estadual não poderá exorbitar o interesse próprio do estado, e terá de se ajustar aos dispositivos da norma federal, conforme dita o art. 24, parágrafo 4º da Constituição Federal. Portanto, caberá à União dispor sobre normas gerais (art. 24, parágrafo 1º) e aos estados suplementá-las de acordo com as necessidades que urgem (art. 24, parágrafo 2º), pois a competência é dita concorrente para o estado ou Distrito Federal para suplementar as normas gerais da União, cabendo àqueles, na falta de tais normas, legislar de forma plena (desde que atenda à norma federal).

De outro lado, temos a competência comum ou administrativa (art. 23), que visa a uniformizar o desenvolvimento e o bem-estar nacional, delegando à União, aos estados, ao distrito federal e aos municípios, competência comum para dispor sobre a proteção do meio ambiente, o combate à poluição em qualquer de suas formas e a preservação das florestas, da fauna e da flora, e também para registrar, acompanhar e fiscalizar as concessões para a exploração dos recursos hídricos e minerais do território (art. 23, incs. VI, VII e XI da Constituição Federal).

Para tal responsabilidade comum, é necessário criar-se por lei complementar federal como será essa cooperação, cabendo até então aos entes da Federação atuar nos limites de suas competências: à União cabe legislar normas gerais; ao estado, as de caráter regional; e aos municípios, as de interesse local (art. 30, inc. I), além de suplementar a legislação federal e estadual no que couber (art. 30, inc. II), observados o disposto no art. 24 (parágrafos 1º, 2º e 3º).

Dessa forma, fica claro que no sistema federal não há hierarquia entre a União, os estados e os municípios, pois eles recebem suas competências diretamente da Constituição Federal, devendo qualquer lei criada por eles ser cumprida da mesma maneira, seja municipal, estadual ou federal (art.18).

3. Meio ambiente na Constituição do Estado de São Paulo

A competência dada ao estado pela Constituição Federal é de legislar sobre a proteção ao meio ambiente e a conservação da natureza (art. 24, incs. VI, VII), entre outras matérias.

Além disso, em seu art. 225, a Constituição Federal dita que o estado, como representante do Poder Público, deverá garantir a sadia qualidade de vida quando promover o desenvolvimento estadual.

Assim, através do processo legislativo estadual, deverão ser elaboradas as leis complementares visando ao cumprimento das garantias da Constituição Federal das normas gerais. E a Constituição do Estado de São Paulo, em seu art. 23, parágrafo único, considera complementar a criação do Código de Proteção ao Meio Ambiente, que até hoje não foi criado.

Segundo essa Constituição estadual, em São Paulo, no estabelecimento de diretrizes e normas relativas ao desenvolvimento urbano, o estado e os municípios em conjunto deverão assegurar a preservação, a proteção e a recuperação do meio ambiente urbano e cultural, bem como a criação de áreas de especial interesse histórico, urbanístico, ambiental, turístico e de utilização pública (art. 180, incs. III e IV).

Afinal, a organização regional do estado tem por objetivo promover o uso racional do território e dos recursos naturais e culturais e a proteção do meio ambiente, mediante o controle da implantação dos empreendimentos públicos e privados na região (art. 152, inc. III).

Dessa forma, o planejamento regional deverá garantir o desenvolvimento socioeconômico e a melhoria da qualidade de vida da população do estado (art.152, inc. I).

Para garantir que o planejamento regional atinja seus objetivos, a Constituição do Estado de São Paulo propõe a criação de um sistema de administração da qualidade ambiental e a formulação de uma política estadual de proteção, controle e desenvolvimento do meio ambiente e uso adequado dos recursos naturais (art. 193).

Entre essas diretrizes estão:

a) propor uma política estadual de proteção ao meio ambiente;

b) adotar medidas, nas diferentes áreas de ação pública e junto ao setor privado, para manter e promover o equilíbrio ecológico e a melhoria da qualidade ambiental, prevenindo a degradação em todas as suas formas e impedindo ou mitigando impactos ambientais negativos e recuperando o meio ambiente degradado;

c) definir, implantar e administrar espaços territoriais e seus componentes representativos de todos os ecossistemas originais a serem protegidos, sendo a alteração e supressão, incluindo os já existentes, permitidas somente por lei;

d) realizar periodicamente auditorias nos sistemas de controle de poluição e de atividades potencialmente poluidoras;

e) informar a população sobre os níveis de poluição, a qualidade do meio ambiente, as situações de risco de acidentes, a presença de substâncias potencialmente nocivas à saúde na água potável e nos alimentos, bem como os resultados das monitorias e auditorias a que se refere o item anterior;

f) incentivar a pesquisa, o desenvolvimento e a capacidade tecnológica para a resolução dos problemas ambientais e promover a informação sobre essas questões;

g) estimular e incentivar a pesquisa, o desenvolvimento e a utilização de fontes de energia alternativas, não poluentes, bem como de tecnologia branda e materiais poupadores de energia;

h) fiscalizar as entidades dedicadas à pesquisa e manipulação genética;

i) preservar e restaurar os processos ecológicos essenciais das espécies e dos ecossistemas;

j) proteger a flora e a fauna, nesta compreendidos todos os animais silvestres, exóticos e domésticos, vedadas as práticas que coloquem em risco sua função ecológica e que provoquem extinção de espécies ou submetam os animais à crueldade, fiscalizando a extração, a produção, a criação, os métodos de abate, o transporte, a comercialização e o consumo de seus espécimes e subprodutos;

k) controlar e fiscalizar a produção, o armazenamento, o transporte, a comercialização, a utilização e o destino final de substâncias, bem como o uso de técnicas, métodos e instalações que comportem risco efetivo ou potencial para a qualidade de vida e o meio ambiente, incluindo o de trabalho;

l) promover a captação e orientar a aplicação de recursos financeiros destinados ao desenvolvimento de todas as atividades relacionadas com a proteção e a conservação do meio ambiente;

m) disciplinar a restrição à participação em concorrências públicas e ao acesso a benefícios fiscais e créditos oficiais às pessoas físicas e jurídicas condenadas por atos de degradação do meio ambiente;

n) promover medidas judiciais e administrativas de responsabilização dos causadores de poluição ou de degradação ambiental;

o) promover a educação ambiental e a conscientização pública para a preservação, a conservação e a recuperação do meio ambiente;

p) promover e manter o inventário e o mapeamento de cobertura vegetal nativa, visando à adoção de medidas especiais de proteção, bem como promover o reflorestamento, em especial, às margens de rios e lagos, visando à sua perenidade.

q) estimular e contribuir para a recuperação da vegetação em áreas urbanas, com o plantio de árvores, preferencialmente frutíferas, objetivando especialmente a consecução de índices mínimos de cobertura vegetal;

r) incentivar e auxiliar tecnicamente as associações de proteção ao meio ambiente constituídas na forma da lei, respeitando a sua autonomia e independência de atuação;

s) instituir programas especiais mediante a integração de todos os seus órgãos, incluindo os de crédito, objetivando incentivar os proprietários rurais a executarem as práticas de conservação do solo e da água, de preservação e de reposição das matas ciliares e replantio de espécies nativas;

t) controlar e fiscalizar obras, atividades, processos produtivos e empreendimentos que direta ou indiretamente possam causar degradação do meio ambiente, adotando medidas preventivas ou corretivas e aplicando as sanções administrativas pertinentes;

u) realizar o planejamento e o zoneamento ambientais, considerando as características regionais e locais e articular os respectivos planos, programas e ações.

A Constituição do Estado de São Paulo prevê ainda que o sistema de administração relacionado ao *caput* de seu art.193 seja integrado pelos seguintes órgãos da administração direta:

a) Conselho Estadual do Meio Ambiente;

b) órgãos executivos incumbidos da realização das atividades de desenvolvimento ambiental.

Essa Constituição adotou também, em conformidade com o art. 225 (parágrafos 2º e 3º) da Constituição Federal, a obrigatoriedade de recuperar o meio ambiente degradado, definindo que as condutas e atividades lesivas ao meio ambiente sujeitarão os infratores a sanções penais e administrativas, com aplicação de multas diárias, e que esse sistema de proteção e desenvolvimento seja integrado pela Polícia Militar (artigos 194 e 195).

Concomitantemente com a Constituição Federal (art. 225, parágrafo 4º), a Constituição do Estado de São Paulo (art. 196) estabelece áreas de conservação e proteção ambiental, que integram o patrimônio nacional – como a Mata Atlântica, a serra do Mar e a Zona Costeira, entre outras – e cuja utilização, por se tratar de espaços territoriais especialmente protegidos, deve ser feita somente na forma prevista em lei, dependendo também de prévia autorização (art. 196).

Portanto, como se vê, cabe ao estado, com os municípios, a preservação, a conservação e a defesa do meio ambiente, pela promoção da recuperação e da melhoria do meio ambiente natural.

Passemos à análise do que dispõe a norma municipal paulistana em consonância com as normas supracitadas.

4. Meio ambiente na Lei Orgânica do Município de São Paulo

A Constituição Federal arrola, em seus artigos 1º e 18, que a República Federativa do Brasil é formada pela União, pelos estados, pelo distrito federal e pelos municípios; dessa forma, é evidente que os municípios têm autonomia, tal qual os estados, pois ambos são dotados de competência exclusiva (art. 30) e de organização política própria (art. 29).

Mas ao que devemos nos ater aqui é que diante do disposto do art. 24, incs. VI e VII da Constituição Federal, a legislação sobre o meio ambiente é de competência concorrente e as normas gerais são irrevogáveis e direcionam o trabalho que deve ser feito com o meio ambiente. Embora autônomo, o município, na qualidade de Poder Público, tem competência comum com a União, estados e distrito federal para dispor sobre matérias relacionadas nos artigos 23 (incs. III, VI e XI), e 225 da Constituição Federal, e também no art. 7º da Lei Orgânica do Município de São Paulo.

Assim, em matéria de corresponsabilidade, devemos perceber o campo de autonomia de cada ente da Federação, para evitar a sobreposição ou o confronto de competência, visto que cabe à União legislar as normas gerais de caráter nacional; aos estados, a legislação suplementar ou complementar de caráter regional; e aos municípios, legislar no interesse local, de caráter exclusivo. Se cabe ao município agir e legislar em defesa do interesse local, e, como representante do Poder Público, o município também se responsabiliza pela defesa e pela preservação do meio ambiente, arrolada no art. 225 da Constituição Federal, exclui-se assim o aparecimento de contradição ou de conflito de competência, uma vez que cada ente federado tem seu campo de atuação constitucionalmente definido.

Dessa forma, a Lei Orgânica do Município de São Paulo estabelece que, para seu desenvolvimento, a política urbana terá o objetivo e assegurará o uso socialmente justo e ecologicamente equilibrado de seu território (art. 148, inc. I), a segurança e a proteção do patrimônio paisagístico (art. 148, inc. III), bem como a preservação, a proteção e a recuperação do meio ambiente (art. 148, IV), todos esses determinados pelo Plano Diretor (art. 150, parágrafo 1º).

Para isso, promoverá o município a correta utilização de áreas de risco geológico e hidrográfico; o combate a todas as formas de poluição ambiental, inclusive a sonora; e a preservação dos fundos de vale de rios, de córregos e de leitos em curso não perenes para canalização, áreas verdes e passagem de pedestres (art. 149, incs. II, VI, VIII).

Cabe, portanto ao município, em cooperação com o estado e a União, promover a defesa e a preservação do território, dos recursos naturais e do meio ambiente municipais (artigos 2º, inc. X, e 180).

A Lei Orgânica estabelece que o município, mediante lei, organizará e assegurará:

a) formulação de política municipal de proteção ao meio ambiente;

b) planejamento e zoneamento ambientais;

c) estabelecimento de normas, critérios e padrões para a administração da qualidade ambiental;

d) conscientização e Educação Ambiental e divulgação obrigatória de todas as informações disponíveis sobre o controle do meio ambiente;

e) definição, implantação e controle de espaços territoriais e de seus componentes a serem especialmente protegidos, sendo sua alteração e/ou supressão permitidas somente por lei específica.

E, em consonância com a Constituição Federal (art. 225, parágrafo 4º), a Lei Orgânica ainda constitui como espaços especialmente protegidos o Parque do Povo, a Serra da Cantareira e o Pico do Jaraguá, entre outros (art. 185).

E em relação aos danos causados ao meio ambiente no âmbito local, o município deverá aplicar suas sanções administrativas e ainda obrigar o causador do dano a promover a recuperação plena do meio ambiente degradado, em harmonia com as normas federais e estaduais.

Capítulo 5

Estrutura e composição municipal ambiental de São Paulo – Estudo do caso Secretaria do Verde e do Meio Ambiente

1. O papel municipal

A partir do estudo feito sobre as Diretrizes Constitucionais do Meio Ambiente, especificamente as competências estabelecidas nos artigos 23, 24 e 225 da Constituição Federal de 1988, nos artigos 180 e 191 da Constituição do Estado de São Paulo e no art. 7º da Lei Orgânica do Município de São Paulo, conclui-se que as formas de atuação do município para o atendimento de suas atribuições relacionadas ao meio ambiente abrangem, necessariamente, o exercício das competências comum e concorrente, seja protegendo o meio ambiente e combatendo a poluição em qualquer de suas formas, seja preservando as florestas, a fauna e a flora, seja estabelecendo legislação de interesse local, sobre matéria ambiental.

Dessa forma, no exercício de sua competência e observado o tratamento que a Constituição estadual concede ao meio ambiente, os municípios devem, entre outras ações:

a) estabelecer legislação suplementar à da União e dos estados, em atendimento ao interesse local;

b) aplicar sanções aos responsáveis por atividades que estejam causando danos ao meio ambiente;

c) controlar a observância das normas ambientais;

d) participar ativamente do processo de licenciamento de atividades e obras poluidoras ou potencialmente poluidoras;

e) implementar medidas concernentes às normas e aos padrões de proteção e de preservação ambiental e de fiscalização e controle de atividades;

f) criar espaços territoriais a serem especialmente protegidos, como áreas de proteção ambiental, parques, reservas e estações ecológicas, entre outras.

Por isso, é recomendável que as ações municipais sejam feitas tendo-se em vista à melhoria da qualidade de vida da população local, de forma integrada com as demais esferas de governo, sem prejuízo das atribuições específicas de cada parte, em cumprimento ao dever fixado para o Poder Público pela Constituição Federal vigente.

Além disso, vimos que a política ambiental nacional (que tem seus fundamentos reafirmados no art. 225 da Constituição Federal) garante em seus princípios a dignidade da pessoa humana; o direito da sociedade ao meio ambiente equilibrado; o uso sustentável dos recursos ambientais e a recuperação de áreas degradadas, tendo como principais objetivos:

a) o desenvolvimento econômico e social em harmonia com o meio ambiente;

b) a preservação da biodiversidade;

c) a proteção de ecossistemas, com a preservação de áreas representativas;

d) a promoção da Educação Ambiental e a conscientização pública para a proteção do meio ambiente.

Portanto, como já foi dito, o município, no limite de suas competências e de acordo com os instrumentos de planejamento disponíveis no nível de suas administrações, deve estabelecer uma política ambiental local.

Diante do já comentado enorme avanço observado no texto constitucional de 1988 no que diz respeito às competências de cada ente estatal, verifica-se desde então a necessidade da regulamentação do parágrafo único de seu art. 23, com papel fundamental para disciplinar formas de cooperação entre a União, os estados, o distrito federal e os municípios nas ações de proteção ao meio ambiente, que deve fortalecer o Sistema Nacional do Meio Ambiente (Sisnama), como vimos, uma das principais diretrizes da política ambiental do país.

Sobre isso, vale citar duas matérias publicadas em 2005 no site do Ministério do Meio Ambiente (MMA):

> O Ministério do Meio Ambiente lança um programa nacional para capacitar gestores, conselheiros e vereadores municipais em questões relativas ao meio ambiente. Além disso, envia no primeiro semestre ao Congresso Nacional uma proposta para regulamentação do artigo 23 da Constituição, o que melhor definiria as competências de União, estados e municípios na área ambiental e ajudaria a evitar sombreamentos e disputas jurídicas e institucionais na área de licenciamento. [....]
> O programa nacional de capacitação levará informações sobre legislação e estruturação do setor de meio ambiente a municípios de pelo menos dezoito estados até o fim do ano. O objetivo é fazer que os municípios assumam cada vez mais responsabilidades, fiscalizando e licenciando empreendimentos considerados de impacto local e contribuindo para aliviar a pressão sobre os governos estaduais e federal. Estados

como São Paulo e Rio Grande do Sul emitem mais de 15 mil licenças por ano e, segundo estimativas do MMA, seis em cada dez dessas licenças poderiam ficar a cargo dos municípios. Oficinas mecânicas, suinocultura de pequeno porte e até pequenas empresas poderiam ser licenciadas e fiscalizadas por órgãos municipais, mantendo-se os recursos arrecadados nas prefeituras.

A iniciativa também atende às prioridades definidas na 1ª Conferência Nacional de Meio Ambiente, realizada em 2003, quando ficou clara a necessidade de mais investimentos nos municípios, não apenas por serem os que menos contam com estruturas e instrumentos de gestão, mas também porque ganharão cada vez mais atribuições devido ao processo de descentralização da gestão ambiental que o MMA está promovendo.

De acordo com [Claudio] Langone [secretário-executivo do MMA], isso tornaria o licenciamento ambiental "mais eficiente, mais rápido e mais barato", pois seria feito por profissionais que conheceriam a realidade local e não seriam cobradas taxas para deslocamento de técnicos de órgãos estaduais até os municípios, por exemplo. "Não é possível avançar em uma gestão ambiental adequada para o Brasil sem a participação dos municípios", disse o secretário-executivo.

Além disso, a descentralização seria reforçada com a regulamentação do artigo 23 da Constituição, com base na dimensão dos impactos causados pelos empreendimentos. O texto estabelece que União, estados e municípios têm competência pela administração de assuntos relativos à proteção do meio ambiente brasileiro. No entanto, as situações em que cada um deve atuar não estão totalmente esclarecidas. A aprovação de uma lei complementar auxiliaria a evitar questionamentos jurídicos, por exemplo, e a melhorar as relações entre os órgãos ambientais com os ministérios públicos estaduais e federal.

A divisão de competências também é debatida pelas comissões tripartites estaduais, instituídas pelo MMA como um espaço de diálogo entre os órgãos ambientais dos municípios, dos estados, do Distrito Federal e da União.

Para contribuir com esse processo, o MMA reativou a Comissão Tripartite Nacional e já criou comissões em 24 estados, faltando ainda implementá-las no Pará, no Amapá e no Distrito Federal.

O Ministério do Meio Ambiente tem sugerido aos conselhos estaduais de meio ambiente que definam, de acordo com as características de cada estado, quais são as atividades de impacto local. Esse processo também auxiliará na divisão de tarefas entre estados e municípios. De acordo com a Resolução 237/1997 do Conselho Nacional do

Meio Ambiente, um município deve possuir um conselho, legislação, infraestrutura e pessoal para que possa gerenciar o licenciamento e a fiscalização ambiental. "O que é de impacto local na Amazônia pode não ser para a região Sul. A definição de quais atividades são de impacto local se dará com acordos políticos", disse Langone.

Outras iniciativas do MMA voltadas aos municípios são a implementação de Agendas 21 Locais e a criação de uma rede de fundos de meio ambiente, ambas contando com o apoio do Fundo Nacional do Meio Ambiente.[1]

O Ministério do Meio Ambiente e a Confederação Nacional dos Municípios (CNM) assinaram um acordo de cooperação para promover ações conjuntas voltadas à capacitação ambiental e troca de experiências e informações entre municípios. Pelo acordo, do tipo "guarda-chuva" também foi garantida a participação das administrações municipais na estruturação do Sistema Nacional de Informações sobre Meio Ambiente (Sinima). A iniciativa é inédita e resultará em uma política integrada entre União, estados e municípios para a disseminação da informação ambiental em todo o país.

O convênio também prevê a contribuição dos municípios na elaboração da proposta para a regulamentação do artigo 23 da Constituição Federal, que será enviada ao Congresso pelo Ministério do Meio Ambiente. O texto tratará da melhor definição de normas para a cooperação entre União, estados e municípios visando a proteção ambiental.

O presidente da CNM, Paulo Ziulkoski, lembrou que 65% das ações civis públicas contra prefeitos acontecem por questões ambientais. Em função disso, ele ressaltou a importância do engajamento dos prefeitos na estratégia de descentralização da gestão ambiental, coordenada pelo MMA, e a necessidade da estruturação dos municípios para que possam administrar com competência as questões ambientais. "No futuro, perceberemos que é melhor ter mata ciliar, água potável, nossas nascentes e uma terra fértil do que uma terra desertificada, gastando milhões para sua recuperação", disse Marina Silva.[2]

---

1 LICENCIAMENTO será mais rápido e mais barato com a descentralização. Disponível em: <http://www.mma.gov.br/sitio/index.php?ido=ascom.exibe&idLink=3210>. Acesso em: 3 jan. 2009.

2 MMA e Confederação de Municípios assinam convênio de cooperação. Disponível em: <http://www.mma.gov.br/sitio/index.php?ido=ascom.exibe&idLink=3214>. Acesso em: 3 jan. 2009.

O projeto de lei para essa regulamentação já foi proposto em 2003[3] e esclarece as várias atribuições de cada um dos entes federativos. Define não só quem deve fazer o licenciamento ambiental de um empreendimento ou de uma atividade, mas quem deve fiscalizá-lo. A expectativa é de que, com ele, seja possível solucionar problemas relativos à sobreposição de funções e a lacunas na lei, que fazem que alguns casos de licenciamento sejam questionados na Justiça. Conforme o projeto, caberá à União promover o licenciamento de atividades ou empreendimentos que causem ou possam causar impacto ambiental direto de âmbito nacional ou regional, ou seja, aqueles cujo impacto ambiental direto ultrapasse os limites de um estado ou do país. O mesmo acontecerá com empreendimentos ou atividades localizados na plataforma continental, na zona econômica exclusiva, em terras indígenas ou em unidades de conservação federais, bem como em empreendimentos que usem energia nuclear e material radioativo. Conforme texto do projeto, também será atribuição da União o licenciamento de empreendimentos e de atividades militares que sirvam à Defesa Nacional.

De acordo com o projeto, caberá aos estados e ao Distrito Federal o licenciamento ambiental de atividades e empreendimentos que causem impacto ambiental direto, no âmbito estadual e localizados em unidades de conservação estaduais. No caso dos municípios, uma das atribuições é o licenciamento de atividades ou empreendimentos, de impacto ambiental direto, no âmbito local e localizados em unidades de conservação municipais.

A fiscalização do licenciamento será uma atribuição do ente que concedeu a licença ou a autorização para o empreendimento ou atividade. No entanto, em caso de iminência de dano ambiental, o ente que tiver conhecimento do fato deverá agir para evitá-lo, mesmo que não se trate de sua atribuição. Nesse caso, deverá comunicar imediatamente o ente responsável.

Na prática, sabemos que muitas das mudanças propostas no projeto já

---

3   Projeto de Lei Complementar (PLC) n. 1/2010 (PLP 12/2003 do deputado Sarney Filho – PV/MA): "Fixa normas, nos termos dos incs. III, VI e VII do *caput* e do parágrafo único do art. 23 da Constituição Federal, para a cooperação entre a União, os estados, o distrito federal e os municípios, nas ações administrativas decorrentes do exercício da competência comum relativas à proteção das paisagens naturais notáveis, à proteção do meio ambiente, ao combate à poluição em qualquer de suas formas e à preservação das florestas, da fauna e da flora e altera a Lei n. 6.938, de 31 de agosto de 1981".

são praticadas pelos entes governamentais. Passemos então à análise das atribuições da Secretaria Municipal do Verde e do Meio Ambiente (SVMA), criada pela Lei Municipal n. 11.426/93, e de sua correspondência legislativa em âmbito interdisciplinar nacional.

2. Secretaria Municipal do Verde e do Meio Ambiente

A Lei Municipal 11.426/93 criou a SVMA, órgão local, e o Conselho Municipal do Meio Ambiente e Desenvolvimento Sustentável (Cades), em consonância com os artigos 1º, 23 (incs. III, VI, VII, IX e XI), 30 (inc. I) e 225 da Constituição Federal; e, concorrentemente a estes, com os artigos 191 e 192 da Constituição do Estado de São Paulo; e com o art. 6º da Lei 6.938/81 e principalmente ao art. 181 (incs. I a V) da Lei Orgânica do Município, já que a Secretaria tem competência local delegada pela Constituição Federal, como vimos.

A estrutura organizacional da SVMA foi recentemente reorganizada pela Lei 14.887 de 15 de janeiro de 2009. Compete a ela, de forma ampla:

a) planejar, ordenar e coordenar as atividades de defesa do meio ambiente no município de São Paulo, definindo critérios para conter a degradação e a poluição ambiental;

b) manter relações e contatos visando à cooperação técnico-científica com órgãos e entidades ligados ao meio ambiente, do Governo Federal, dos estados e dos municípios brasileiros, bem como com órgãos e entidades internacionais;

c) estabelecer com os órgãos federal e estadual do Sisnama critérios visando à otimização da ação de defesa do meio ambiente no município de São Paulo.

E tem como estrutura básica os seguintes órgãos:

a) Gabinete do Secretário.

b) Departamento de Controle da Qualidade Ambiental (Decont).

c) Departamento de Educação Ambiental e Cultura de Paz – Universidade Aberta do Meio Ambiente e Cultura de Paz (Umapaz).

d) Departamento de Parques e Áreas Verdes (Depave).

e) Departamento de Planejamento Ambiental (Deplan).

f) Departamento de Gestão Descentralizada (DGD).
g) Departamento de Administração e Finanças (DAF).
h) Departamento de Participação e Fomento a Políticas Públicas (DPP).

Passemos à análise das atribuições dos departamentos e das estruturas organizacionais.

Secretaria Municipal do Verde e do Meio Ambiente

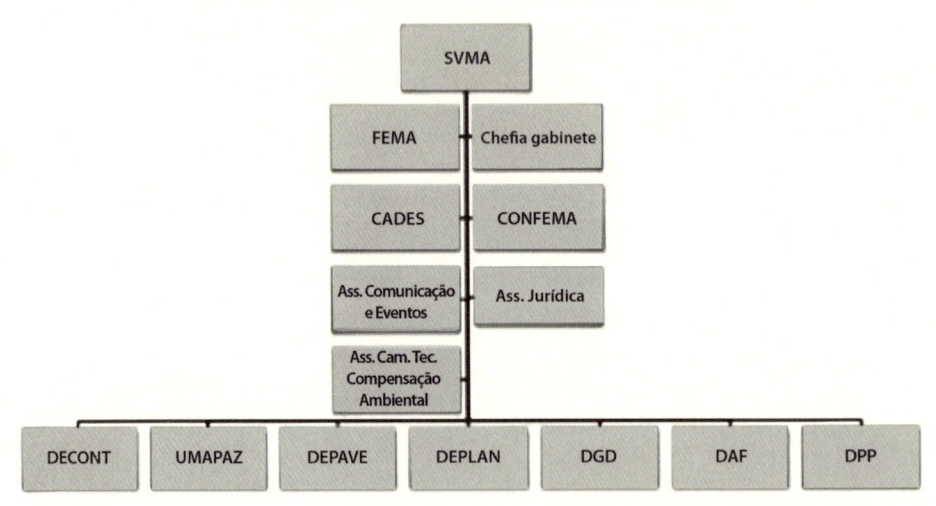

[Organograma: SVMA — FEMA, Chefia gabinete, CADES, CONFEMA, Ass. Comunicação e Eventos, Ass. Jurídica, Ass. Cam. Tec. Compensação Ambiental — DECONT, UMAPAZ, DEPAVE, DEPLAN, DGD, DAF, DPP]

2.1. Análise das atribuições do Departamento de Controle da Qualidade Ambiental

O Departamento de Controle da Qualidade Ambiental (Decont) tem as seguintes atribuições:

a) planejar, ordenar, coordenar e orientar as atividades de controle, monitoramento e gestão da qualidade ambiental e da biodiversidade, no que se refere às atribuições da Secretaria como órgão local do Sisnama;

b) estudar, propor, avaliar e fazer cumprir normas e padrões pertinentes à qualidade ambiental do ar, da água, do solo, dos ruídos, das vibrações e da estética, tomando as medidas necessárias à sua implementação;

c) elaborar e manter atualizados cadastros e registros relativos ao controle ambiental;

d) propor, executar e participar de projetos que visem ao monitoramento e ao controle da qualidade ambiental;

e) orientar outros órgãos do município, dando-lhes suporte técnico nas questões ambientais;

f) participar do sistema integrado de gerenciamento de recursos hídricos e demais recursos naturais;

g) participar do sistema de saneamento;

h) participar dos sistemas de Defesa Civil nos diversos níveis de Governo;

i) participar, com o Estado, do controle da produção, armazenamento, transporte, comercialização, utilização e destino final de substâncias, que comportem risco efetivo ou potencial para a qualidade de vida e o meio ambiente, com ênfase nos produtos químicos perigosos;

j) representar à Procuradoria Geral do Município (PGM), da Secretaria Municipal dos Negócios Jurídicos, os casos concretos de poluição ou degradação ambiental, para adoção das providências cabíveis;

k) promover o desenvolvimento de normas e padrões de controle da poluição, em todas as suas formas;

l) promover o acompanhamento, a avaliação e o controle da qualidade das águas, do solo, do ar e dos resíduos, em todas as suas formas;

m) emitir, anualmente, Relatório de Qualidade do Meio Ambiente do Município (RQMA);

n) promover, com o Departamento de Gestão Descentralizada (DGD), a definição de diretrizes e o apoio necessário para o desempenho das funções fiscalizatórias a serem desenvolvidas pelos Núcleos de Gestão Descentralizada (NGD);

o) exercer outras atividades afins.

2.2. Análise das atribuições do Departamento de Educação Ambiental e Cultura de Paz – Universidade Aberta do Meio Ambiente e Cultura de Paz

Por sua vez a Umapaz tem as seguintes atribuições:

a) coordenar e executar programas e ações educativas para promover a participação da sociedade na melhoria da qualidade ambiental;

b) apoiar as ações de Educação Ambiental promovidas por outras instâncias de governo e da sociedade civil;

c) desenvolver programas de capacitação de servidores e estagiários da Secretaria nas temáticas ambientais;

d) elaborar e divulgar ações pertinentes à preservação ambiental;

e) planejar e executar atividades científicas, culturais e educacionais no campo da Educação Ambiental;

f) manter serviços de arquivo, documentação e instrumentação científica na área de Educação Ambiental, promovendo intercâmbio com entidades congêneres;

g) atuar como apoio técnico em programas de Educação Ambiental a cargo da Secretaria Municipal de Educação (SME) e demais instituições públicas ou privadas, em todos os níveis de educação, mediante acordos formais de cooperação;

h) ministrar cursos de jardinagem destinados à população, incentivando-a a participar da melhoria da qualidade do meio ambiente;

i) planejar e executar atividades científicas, culturais e educacionais no campo da astronomia e das ciências congêneres;

j) coordenar o funcionamento dos Planetários, da Escola Municipal de Jardinagem, da Universidade Aberta do Meio Ambiente e Cultura de Paz (Umapaz) e da Escola Municipal de Astrofísica (EMA);

k) desenvolver, por meio da Umapaz, programa de formação aberta, ampla e permanente para cidadãos de diferentes faixas etárias e escolaridade, com o propósito de contribuir para uma convivência socioambiental sustentável e pacífica na cidade de São Paulo, articulando temas ambientais e a cultura de paz e não violência, disseminando conhecimentos e tecnologias de mediação de conflitos;

l) adquirir, selecionar, organizar e divulgar toda documentação técnica que compõe o acervo, nas suas diferentes formas de apresentação, com vistas a oferecer ao usuário subsídios para estudos e pesquisas;

m) organizar Educação Ambiental e Cultura de Paz nos Parques, diretamente ou por meio de parcerias;

n) desenvolver atividades de rotinas administrativas, bem como projetos e trabalhos técnicos pertinentes;

o) exercer outras atividades afins.

2.3. Análise das atribuições do Departamento de Parques e Áreas Verdes

O Depave tem, de acordo com a PNMA, o objetivo de preservar e proteger as áreas verdes dos parques, melhorando e recuperando a qualidade ambiental propícia à vida da população do município de São Paulo, assegurando um desenvolvimento socioeconômico sustentável.

E é isso que a Constituição Federal de 1988 visa em seu art. 225, quando diz que "todos têm direito ao meio ambiente ecologicamente equilibrado", e para assegurar a efetividade de tal direito caberá ao Poder Público preservar e restaurar os processos ecológicos essenciais e prover o manejo ecológico das espécies e ecossistemas; definir, em todas as unidades da Federação, espaços territoriais e seus componentes a serem especialmente protegidos; promover a Educação Ambiental em todos os níveis de ensino e a conscientização pública para a preservação do meio ambiente; proteger a fauna e a flora, pois são vedadas, na forma da lei, as práticas que coloquem em risco sua função ecológica ou que provoquem a extinção de espécies.

Analisando a legislação em nível estadual, que tem suas competências sub-rogadas pelas diretrizes citadas da legislação federal, comprovamos, como já dito, que o estado e os municípios providenciarão, com a participação da coletividade, a preservação, a conservação, a defesa, a recuperação e a melhoria do meio ambiente natural, artificial e do trabalho, atendendo as peculiaridades regionais e locais e em harmonia com o desenvolvimento social e econômico do estado.

Além disso, a execução de obras, atividades, processos produtivos e empreendimentos e a exploração de recursos naturais de qualquer espécie, só serão admitidos se licenciados e se resguardado o meio ambiente ecologicamente impactado de forma a compensá-lo.

Para cumprir tal objetivo, o estado, mediante lei, deverá ter um sistema de administração da qualidade ambiental, de proteção, controle e desenvolvimento do meio ambiente, bem como do uso adequado dos recursos naturais, para organizar, coordenar e integrar as ações de órgãos e entidades da administração pública direta e indireta, assegurando assim a participação da coletividade na busca do objetivo comum que é o direito ao meio ambiente ecologicamente equilibrado.

Terá, portanto, de agir com o objetivo de adotar medidas para manter e promover o equilíbrio ecológico e a melhoria da qualidade ambiental, prevenindo a degradação em todas as suas formas, impedindo ou mitigando impactos negativos e recuperando o meio ambiente degradado. Deverá definir, implantar e administrar os espaços territoriais e seus componentes representativos de todos os ecossistemas originais a serem protegidos, bem como promover em nível estadual a Educação Ambiental e a conscientização pública para preservação, conservação e recuperação do meio ambiente.

Ainda sobre as atribuições correlacionadas ao meio ambiente, segundo a Constituição do Estado de São Paulo, em seus artigos 191 ao 199, o estado deverá ter também como finalidade a promoção e a conservação do inventário e o mapeamento da cobertura vegetal nativa, visando à adoção de medidas especiais de proteção, bem como promover o reflorestamento, em especial, às margens de rios e lagos, visando à sua perenidade. Para tanto, deverá estimular e contribuir com a produção e o plantio de mudas, na recuperação da vegetação em áreas urbanas, objetivando especialmente a consecução de índices mínimos de cobertura vegetal, além de incentivar e auxiliar tecnicamente as associações de proteção ao meio ambiente.

Dessa forma, o estado estabelecerá, mediante lei, os espaços a serem definidos e implantados como especialmente protegidos, bem como as restrições a seu uso e ocupação, considerando os princípios: preservação e proteção da integridade de amostras de toda a diversidade de ecossistemas; proteção do processo evolutivo das espécies; e preservação e proteção dos recursos naturais.

O Poder Público estimulará, portanto, a criação e a manutenção de unidades privadas de conservação.

Passando para a análise em âmbito municipal, e de acordo com a Lei Orgânica do Município de São Paulo, em seu art. 180, o município promoverá, em cooperação com o Estado e a União, a preservação, conservação, defesa, recuperação e melhoria do meio ambiente.

Além disso, cabe a ele recuperar e promover o aumento de áreas públicas para a implantação, preservação e ampliação de áreas verdes, inclusive arborização frutífera e fomentadora da avifauna, adotando, como critério permanente na elaboração de novos projetos viários e na restauração dos já existentes, a necessidade do plantio e da conservação de árvores.

As atribuições da Constituição Federal e da Constituição do Estado de São Paulo supracitadas são reeditadas na Lei Orgânica Municipal de São Paulo, especialmente em seu art. 181, devendo o município organizar, mediante lei, um sistema de administração da qualidade ambiental, protegendo e recuperando o meio ambiente, e também promover a conscientização e a Educação Ambiental, bem como a divulgação obrigatória de todas as informações disponíveis sobre o controle do meio ambiente.

Caberá também ao município a definição, a implantação e o controle de espaços territoriais e seus componentes a serem especialmente protegidos, que só poderão ser alterados mediante lei.

Passaremos, enfim, ao estudo detalhado das atribuições do Depave e da interdisciplinaridade de tais competências em relação às leis específicas e gerais de nossa legislação.

São atribuições do Depave:

a) projetar, contratar projetos e gerenciar obras e serviços de construção civil e ajardinamento para viveiros, parques urbanos, lineares e naturais, praças, jardins e demais logradouros públicos ou outras unidades a ele subordinadas;

b) promover a produção de mudas ornamentais em geral, a execução de arborização e ajardinamento em vias públicas e a implantação de viveiros, parques, praças, jardins e demais logradouros públicos;

c) promover pesquisa, estudo, experimentação e divulgação das atividades ligadas às suas atribuições, funções e objetivos, estabelecendo normas e padrões dos serviços a serem executados;

d) promover, com as demais unidades da Secretaria, a administração, a preservação, a conservação e o manejo de parques ou de outras unidades a eles subordinadas, com todos os seus equipamentos, atributos e instalações, provendo suas necessidades, dispondo sobre as modalidades de uso e conciliando o manejo com a utilização pelo público;

e) orientar outros órgãos da prefeitura, dando-lhes suporte técnico em matéria de sua competência;

f) executar a política referente ao Sistema de Áreas Verdes (SAV);

g) promover a preservação e a conservação da fauna, com acompanhamento médico-veterinário curativo, profilático, biológico, sanitário, nutricional e reprodutivo;

h) estimular o reflorestamento, a arborização e o ajardinamento, com fins ecológicos e paisagísticos, no âmbito do município de São Paulo;

i) promover, supletivamente, no âmbito do município de São Paulo, a proteção e o equilíbrio da paisagem e do meio físico ambiente, no que se refere aos recursos naturais e demais fatores que, dentro do campo de interesse de suas atividades, influam na qualidade da vida humana;

j) exercer outras atividades afins.

Dessa forma, percebe-se que a competência atribuída para o Depave está subordinada e legalmente prevista nas leis superiores de forma geral e global. Por outro lado, há diversas leis que já disciplinam de forma restrita a atuação e o funcionamento de tais obrigações.

Cabe, portanto, tanto à Câmara Municipal quanto ao próprio Depave, a produção e a elaboração das leis e normas suplementares que garantam a proteção, a preservação e a conservação da fauna, bem como a administração, a preservação e a conservação dos parques e da flora do município de São Paulo, garantindo à população o direito ao meio ambiente ecologicamente equilibrado, bem como de uso comum, essencial à sadia qualidade de vida.

2.4. Análise das atribuições do Departamento de Planejamento Ambiental

O Deplan tem as seguintes atribuições:

a) estudar, planejar e implementar as ações necessárias para adequação da cidade ao novo cenário de mudanças climáticas;

b) delinear um plano de ação estratégico com a definição de políticas, programas e projetos pautados nesse novo cenário de mudança compulsória, assim como implementar os novos programas de adaptação, auxiliando os órgãos da Prefeitura na formulação das políticas setoriais;

c) sugerir instrumentos de melhoria da qualidade ambiental no planejamento do uso do solo;

d) promover estudos, normas e padrões de planejamento ambiental;

e) estudar e desenvolver, em cooperação com outros órgãos da prefeitura, normas e padrões ambientais a serem adotados na administração pública municipal;

f) desenvolver, com a Secretaria Municipal de Planejamento, a aplicação dos instrumentos urbanísticos e ambientais previstos no Plano Diretor Estratégico e demais legislações afins;

g) desenvolver o Plano de Gestão de Áreas Públicas de interesse ambiental e o Programa de Intervenções Ambientais, voltados para ampliação do Sistema de Áreas Verdes, aumento da permeabilidade, controle das inundações, recuperação e preservação de recursos hídricos, reabilitação de áreas contaminadas e preservação das áreas de mananciais;

h) elaborar o zoneamento ambiental do município de São Paulo e sistematizar as informações sobre terrenos com potencial para a implantação de áreas verdes e demais melhoramentos ambientais;

i) coordenar, no âmbito da Secretaria, os processos de revisão do Plano Diretor Estratégico (PDE) e demais legislações afins;

j) promover a participação da Secretaria, nos Comitês de Bacias Hidrográficas (CBH) e nos Consórcios de Municípios da Região Metropolitana;

k) implantar, estruturar e gerenciar o Sistema de Informações Ambientais da secretaria, mantendo suas bases de dados alfanuméricos e espaciais;

l) manter informações sistematizadas de aspectos de interesse ambiental referente ao município de São Paulo;

m) manter atualizado o Sistema de Indicadores Ambientais para subsidiar a elaboração do Diagnóstico Ambiental do Município de São Paulo e o desenvolvimento e avaliação das políticas públicas incidentes sobre o meio ambiente;

n) coordenar a produção das informações de interesse da secretaria, promovendo o intercâmbio de dados e informações dos sistemas de informação produzidos pelo departamento com as demais unidades da secretaria e das administrações municipal, estadual e federal;

o) elaborar e manter atualizado cadastro de áreas de interesse ambiental;

p) apoiar, com os demais órgãos municipais, o desenvolvimento e o fomento de políticas públicas sustentáveis para a cidade, com vistas ao fortalecimento do transporte não motorizado, da ocupação e uso racionais do território do município, da melhoria da drenagem das águas pluviais e redução das enchentes, da proteção das áreas ambientalmente mais frágeis, da implementação de ações para a mitigação e adaptação da cidade aos efeitos negativos das mudanças climáticas e de desenvolvimento econômico sustentável;

q) fomentar programas de incentivo para a elaboração de projetos de Mecanismo de Desenvolvimento Limpo (MDL) no município de São Paulo pela administração municipal ou por particulares, bem como outros instrumentos que vierem a ser criados no âmbito da Convenção-Quadro das Nações Unidas sobre Mudança de Clima.

2.5 Análise das atribuições do Departamento de Participação e Fomento a Políticas Públicas

Por fim, o Departamento de Participação e Fomento a Políticas Públicas (DPP) tem as seguintes atribuições:

a) estimular a participação da sociedade no planejamento e gestão das políticas ambientais;

b) organizar e garantir o funcionamento do Conselho Municipal do Meio Ambiente e Desenvolvimento Sustentável (Cades);

c) organizar e garantir o funcionamento do Conselho do Fundo Especial do Meio Ambiente e Desenvolvimento Sustentável (Confema);

d) organizar e garantir o funcionamento do Fundo Especial do Meio Ambiente e Desenvolvimento Sustentável (Fema);

e) apoiar o funcionamento dos Conselhos Gestores dos Parques;

f) apoiar o funcionamento dos Conselhos Regionais de Meio Ambiente, Desenvolvimento Sustentável e Cultura de Paz;

g) coordenar as atividades necessárias para a execução das suas atribuições, cumprindo e fazendo cumprir as determinações legais e as normas estatutárias e regimentais.

2.6. Análise das atribuições dos órgãos vinculados – Conselho Municipal do Meio Ambiente e Desenvolvimento Sustentável; Fundo Especial do Meio Ambiente e Desenvolvimento Sustentável; Conselho do Fundo Especial do Meio Ambiente e Desenvolvimento Sustentável

Com a reorganização da Secretaria Municipal, ficaram vinculados à SVMA:

a) o Cades, criado pela Lei n. 11.426, de 1993, e legislação subsequente;

b) o Fema, criado pela Lei n. 13.155, de 2001, e legislação subsequente;

c) o Confema, criado pela Lei n. 13.155, de 29 de junho de 2001, e legislação subsequente.

Pelas novas normas, ficaram também vinculados à SVMA a Umapaz, seu Conselho Consultivo (instituído pelo Decreto n. 49.144, de 17 de janeiro de 2008) e, no âmbito de cada subprefeitura do município de São Paulo, o Conselho Regional de Meio Ambiente, Desenvolvimento Sustentável e Cultura de Paz.

Os departamentos agora analisados tiveram sua estrutura detalhada, seus componentes e suas respectivas divisões, nos artigos 5º ao 17 da Lei n. 14.887 de 15 de janeiro de 2009. Suas atribuições serão detalhadas a seguir, conforme a estrutura organizacional da Secretaria.

O Cades, criado pela Lei n. 11.426, de 1993, e legislação subsequente, é órgão consultivo e deliberativo em questões referentes à preservação, à conservação, à defesa, à recuperação e à melhoria do meio ambiente natural, construído e do trabalho, em todo o território do município de São Paulo. Na consecução de suas atividades, deverá observar as seguintes diretrizes básicas:

a) a interdisciplinaridade no trato das questões ambientais;

b) a integração da política municipal do meio ambiente em nível nacional e estadual;

c) a introdução do componente ambiental nas políticas setoriais do município;

d) a predominância do interesse local, nas áreas de atuação do Executivo municipal, estadual e da União;

e) a participação da comunidade;

f) a promoção do desenvolvimento sustentável da cidade.

Suas atribuições são:

a) colaborar na formulação da política municipal de proteção ao meio ambiente, à luz do conceito de desenvolvimento sustentável, mediante recomendações e proposições de planos, programas e projetos;

b) colaborar na elaboração de planos, programas e projetos intersetoriais, regionais, locais e específicos de desenvolvimento do município;

c) opinar sobre planos, programas, projetos, obras, instalações e operações que possam causar significativo impacto ambiental, podendo convocar, para tanto, audiências públicas, bem como requisitar aos órgãos públicos competentes e às entidades privadas as informações e os estudos complementares que se façam necessários;

d) apreciar e aprovar os Estudos de Impacto Ambiental e Relatórios de Impacto Ambiental (EIA/Rima) e os Estudos de Impacto de Vizinhança e Relatório de Impacto de Vizinhança (EIV/Rivi), no âmbito do município de São Paulo;

e) propor diretrizes para a conservação e a recuperação dos recursos ambientais do município;

f) propor normas, padrões e procedimentos visando à proteção ambiental e ao desenvolvimento do município;

g) opinar sobre projetos de lei e minutas de decreto referentes à proteção ambiental no município de São Paulo, notadamente quanto àqueles relativos ao zoneamento e planejamento ambientais;

h) propor projetos de lei e minutas de decreto referentes à proteção ambiental no município de São Paulo;

i) propor a definição e a implantação de espaços territoriais e seus componentes a serem especialmente protegidos;

j) propor e colaborar na execução de atividades com vistas à Educação Ambiental;

k) propor a realização e promover campanhas de conscientização quanto aos problemas ambientais;

l) manter intercâmbio com entidades, oficiais e privadas, de pesquisa e demais atividades voltadas à defesa do meio ambiente.

Caberá também ao Cades estabelecer as diretrizes, prioridades e programas de alocação de recursos do Fema, em conformidade com a Política Municipal de Meio Ambiente e com as diretrizes federais e estaduais.

O Secretário Municipal do Verde e do Meio Ambiente, ouvido o Cades, deverá aprovar ou rejeitar os EIA/Rima e EIV/Rivi de empreendimentos localizados no município de São Paulo, assegurado o reexame de ofício.

O Fema foi criado pela Lei Municipal n. 13.155, de 29 de junho de 2001, que também criou o Confema, e regulamentado pelo Decreto n. 41.713, de

25 de fevereiro de 2002, e pela Resolução n. 2 do Confema, de 19 de dezembro de 2002. Destina-se a dar apoio financeiro a planos, programas e projetos que visem ao uso racional e sustentável de recursos naturais, ao controle, à fiscalização, à defesa e à recuperação do meio ambiente e a ações de Educação Ambiental.

O Fema é constituído de recursos provenientes de:

a) dotações orçamentárias a ele especificadamente destinadas;

b) créditos adicionais suplementares a ele destinados;

c) produto de multas impostas por infrações à legislação ambiental;

d) doações de pessoas físicas ou jurídicas;

e) doações de entidades internacionais;

f) valores advindos de acordos, contratos, consórcios e convênios, termos de cooperação e outras modalidades de ajuste;

g) preço público cobrado pela análise de projetos ambientais e informações requeridas ao cadastro e banco de dados ambientais gerados pela SVMA;

h) rendimentos obtidos com a aplicação do seu próprio patrimônio;

i) Compensação Financeira para Exploração Mineral (CFEM);

j) indenizações decorrentes de cobranças judiciais e extrajudiciais de áreas verdes, devidas em razão de parcelamento irregular ou clandestino do solo;

k) receitas advindas de créditos de carbono;

l) recursos advindos de Compensações Ambientais, Termos de Ajustamento de Conduta (TAC) e Termos de Compromisso Ambiental (TCA), firmados com a SVMA, bem como os valores aplicados em decorrência do descumprimento do estipulado nesses instrumentos;

m) valores recebidos pelo uso, por terceiros, de áreas sob a administração da SVMA;

n) recursos provenientes das compensações financeiras devidas ao município de São Paulo, em razão de restrição pela instituição de espaços territoriais especialmente protegidos por força de legislação federal ou estadual específica;

o) recursos provenientes de repasses ao município de São Paulo, previstos em legislação de proteção e gestão ambiental, de recursos hídricos e de saneamento;

p) recursos provenientes de repasses ao município de São Paulo, relativos a ICMS, definidos por lei estadual específica;

q) outras receitas eventuais.

Seus recursos destinam-se precipuamente a apoiar:

a) o desenvolvimento de planos, programas e projetos: que visem ao uso racional e sustentável de recursos naturais; de manutenção, melhoria e/ou recuperação da qualidade ambiental; de pesquisa e atividades ambientais;

b) o controle, a fiscalização e a defesa do meio ambiente.

O Fema é administrado pela SVMA, observadas ainda as diretrizes fixadas pelo Confema.

O Confema é a instância de decisão do Fema, regido pelo disposto na Resolução n. 1 do Confema, de 19 de dezembro de 2002, e composto por representantes da administração municipal, do Cades e de Organizações Não Governamentais (ONGs) que atuam na área ambiental.

Tem as seguintes atribuições:

a) definir normas, procedimentos e condições operacionais do Fema;

b) avaliar planos, programas e projetos apresentados, deliberando sobre a sua viabilidade técnica e econômica, ouvidos os setores competentes da SVMA;

c) encaminhar ao plenário do Cades, para conhecimento, relação dos planos, programas e projetos aprovados;

d) dar publicidade, anualmente, pela imprensa oficial do município de São Paulo, do montante dos recursos previstos para apoio, no exercício seguinte, de planos, programas e projetos;

e) outras atribuições que lhe forem destinadas.

As deliberações do Confema se darão por maioria simples, cabendo ao presidente o voto de qualidade.

Tendo em vista que o poder constitucional é garantido ao município e que sua competência é local, como ente mais próximo do dia a dia das comunidades, a SVMA tem, como visto, grande participação da sociedade no equacionamento e soluções dos problemas ambientais, bem como nas práticas do planejamento e da Educação Ambiental como fatores de conscientização e mobilização da comunidade em torno dos recursos naturais e defesa do meio ambiente como um todo.

A atual organização da SVMA da cidade de São Paulo demonstra não só efetividade e continuidade no cumprimento da participação da sociedade, mas também efetividade cada vez maior de suas ações e atribuições.

3. A eficácia da descentralização

Como vimos, a eficácia da execução das diretrizes da PNMA depende da contribuição que cada nível de governo e setores da sociedade possam dar na busca de um objetivo comum. Assim, a maioria dos problemas na área ambiental só poderá ser resolvida se houver conjugação de esferas e compartilhamento de responsabilidades entre órgãos governamentais e entidades legais e civis interessadas.

Dessa forma, para a efetiva implantação das garantias constitucionais e da Política Municipal do Meio Ambiente, o Poder Público deve aplicar a legislação própria e fiscalizar todos os atos potencial e efetivamente degradadores do meio ambiente. Afinal, como diversos textos legais determinam, aquele que explorar recursos naturais fica obrigado a recuperar o meio ambiente degradado, de acordo com a solução técnica exigida pelo órgão público competente, na forma da lei.

Para a fiscalização e o controle da degradação, o município precisa basear-se em referências e padrões, fixados por legislações federais e estaduais; além disso, segundo a Constituição Federal (art. 23, incs. VI e VII), nos casos de interesse local, ele poderá fixar seus próprios indicadores, contanto que sejam garantidos os índices mínimos exigidos pelos demais entes, pois cabe aos estados e municípios, concomitantemente, combater a poluição em qualquer de suas formas, protegendo assim o meio ambiente.

Afinal, de nada valem as leis se não forem aplicadas e cumpridas. Por isso, o município, por intermédio de seu poder de polícia, e com os demais órgãos de controle, deverá exigir o cumprimento das normas legais e aplicar as sanções cabíveis.

Por isso, no âmbito do controle da poluição, a Lei n. 11.426/93, que criou a SVMA, delega ao Coplan estudar, propor, avaliar e fazer cumprir norma e padrões pertinentes à qualidade do ar, água, solo, ruído e estética.

E, como já foi dito, a cada infração deve corresponder uma sanção, aplicada de forma gradual. Em geral, primeiro são aplicadas advertências por escrito, multas, suspensão das atividades e, como medida final, a cassação do alvará, da licença de funcionamento ou de localização, tendo como base os índices e critérios de controle ambiental adotados pelos órgãos competentes.

A lei, além disso, é clara quando dita que o infrator deve recuperar a área degradada e recompor o meio ambiente ao estado natural ou de acordo com os projetos de monitoramento feito pelos órgãos ambientais, caso não seja possível compensar o dano causado.

Fica clara a importância de tratar o meio ambiente com uma política local, porém, isso só terá efeito se realizado de forma conjunta e persistente pelos vários órgãos públicos, entidades não governamentais e população, atingindo-se assim o objetivo maior de preservação do meio ambiente e mantendo-se a sadia qualidade de vida por meio do controle da poluição.

Esse controle só poderá ser realmente eficaz se houver entre os setores e seus responsáveis articulação e informação, de forma a desburocratizar os processos da administração.

De forma geral, no caso em estudo, cabe ao Cades propor, avaliar e acompanhar a Política Municipal do Meio Ambiente, garantindo o cumprimento desta por meio de atos destinados à melhoria da qualidade de vida da população, visto ser ele órgão colegiado de caráter consultivo e de assessoramento do Poder Executivo, composto por membros do Poder Público e pela comunidade.

Outros organismos que apoiam a execução da Política Municipal do Meio Ambiente no referido conselho são:

a) entidades privadas de cunho social, cultural ou educativo (escolas, creches, associações, sindicatos, cooperativas) que podem promover programas de conscientização da comunidade;

b) órgãos técnicos estaduais, como a Secretaria do Meio Ambiente (SMA), o Departamento de Águas e Energia Elétrica (DAEE), a Companhia de Saneamento Básico, a Secretaria de Agricultura, o órgão metropolitano de Planejamento, o Conselho Estadual de Meio Ambiente de São Paulo (Consema) e outros institutos de pesquisa;

c) órgãos técnicos federais, como as Superintendências Estaduais do Instituto Brasileiro do Meio Ambiente e Recursos Naturais Renováveis (Ibama), o Conselho Nacional do Maio Ambiente (Conama), o Instituto Chico Mendes de Conservação da Biodiversidade (ICMBio) etc.;

d) consórcios intermunicipais, objetivando a solução de problemas comuns relativos à proteção ambiental (recursos hídricos, destinação de lixo, saneamento, proteção da áreas de preservação), com uma Política Municipal implementada;

e) universidades estaduais e federais ou entidades públicas e privadas de pesquisa.

Esses organismos podem auxiliar o município na busca de soluções alternativas que garantam a qualidade de vida da população.

Além disso, vale lembrar que todos os municípios com mais de 20 mil habitantes devem reger-se pelo Plano Diretor, o instrumento básico da política de desenvolvimento e de expansão urbana, visando ao seu desenvolvimento interno, em questões fundamentais como saneamento básico, transportes e habitações, o que contribuiu para o desenvolvimento urbano racional e uma boa qualidade ambiental. O Plano Diretor deve tratar de:

a) áreas que devam ser preservadas para manter os mananciais de água limpos, uma vegetação importante ou uma paisagem bonita;

b) áreas mais adequadas para o crescimento da cidade, que normalmente devem corresponder a terrenos mais planos, caso em que se pode distinguir aquelas mais propícias à habitação, à industria, ao lazer etc.;

c) estrutura viária, que se ligue adequadamente às estradas estaduais ou federais, ou ainda ao porto, se for o caso;

d) áreas de risco de inundações ou desmoronamentos para que não sejam ocupadas por habitações, comércio e indústria;

e) regiões do município que se destinem a receber esgotos e lixo doméstico.

Portanto, para orientar, planejar, ordenar e coordenar as atividades de controle, monitoramento e gestão da qualidade ambiental, as entidades públicas devem trabalhar conjuntamente para que os objetivos das Políticas Estaduais e Municipais Ambientais sejam atingidos com êxito.

4. Análise das competências por temas

A Lei 11.426/93 dita que compete à SVMA a avaliação e o cumprimento pertinente à qualidade ambiental do ar, água, solo, ruído, vibrações e estética, bem como o monitoramento e a gestão da qualidade ambiental, pois ela é o órgão local do Sisnama e, como tal, deve propor, executar e participar de projetos que visem ao monitoramento e ao controle da qualidade ambiental.

Além de orientar, deve supervisionar outros órgãos do município, dando-lhes suporte técnico nas questões ambientais e participando do sistema integrado de gerenciamento de recursos hídricos, do sistema de saneamento, do sistema de Defesa Civil, promovendo, assim, o desenvolvimento de normas e padrões de controle da poluição, em todas as suas formas, bem como o acompanhamento, a avaliação e o controle da qualidade da água, do solo, do ar e dos resíduos, diante dos casos concretos de poluição e degradação ambiental.

Como vimos, a Constituição Federal dita que a competência para proteger o meio ambiente, combater a poluição em qualquer de suas formas e melhorar as condições habitacionais e de saneamento básico é comum à União, aos estados, ao distrito federal e aos municípios, cabendo a eles legislar concorrentemente sobre a responsabilidade por dano ao meio ambiente. Aos municípios, especificamente, compete legislar sobre assuntos de interesse local, além de promover, no que lhe couber, adequados uso, parcelamento e ocupação do solo. Diante da autonomia resguardada pelo Estado Democrático de Direito, é clara a não intervenção da União e do estado em seus municípios.[4]

A política de desenvolvimento e expansão urbana executada pelo Poder Público Municipal tem como objetivo ordenar o pleno desenvolvimento das funções sociais da cidade, garantindo o bem-estar de seus habitantes. Para isso, foi instituído como instrumento básico o Plano Diretor.

Diante do já exposto aqui e do art. 225 da Constituição Federal, sabe-se que o Poder Público está incumbido de restaurar os processos ecológicos, bem como de controlar a produção, a comercialização e o emprego de técnicas, métodos e substâncias que comportem risco para a qualidade de vida e o meio ambiente.

A Constituição do Estado de São Paulo, em concordância com a legislação federal, dita em seu art. 144 que os municípios têm autonomia legislativa, administrativa e financeira e que se auto-organizarão por Lei Orgânica.

---

4   Constituição Federal, artigos 1°, 34 (inc.VII, alínea c) e 35 (caput).

A organização regional do estado dita ainda que os municípios deverão compatibilizar, no que lhes couber, seus planos, programas e ações a metas, diretrizes e objetivos estabelecidos nos planos e programas estaduais, regionais e setoriais de desenvolvimento socioeconômico e de ordenação territorial. E o estado, no que lhe couber, deverá, em contrapartida, compatibilizar seus planos de desenvolvimento com o Plano Diretor dos municípios e as prioridades da população local.[5]

Dessa forma fica claro que a compatibilização deverá reger-se de forma a resguardar o Princípio Democrático de Direito. E, em consequência disso, a Constituição estadual garante que, no estabelecimento das diretrizes e das normas relativas ao desenvolvimento urbano, cabe ao estado e ao município conjuntamente assegurarem a preservação, a proteção e a recuperação do meio ambiente urbano e cultural, bem como a criação e a manutenção de áreas de especial interesse ambiental e a observância das normas urbanísticas de higiene e qualidade de vida.

Parece ter sido com esse objetivo criada a Lei Orgânica do Município de São Paulo, tendo como princípio e diretriz a defesa e a preservação dos recursos naturais e do meio ambiente do município, pois é dever do Poder Municipal, em cooperação com a União, o estado e outros municípios, assegurar a todos o exercício dos direitos individuais, coletivos, difusos e sociais estabelecidos pela Constituições estadual e federal, e ainda daqueles inerentes às condições de vida na cidade, inseridos nas competências específicas municipais, no que diz respeito ao meio ambiente sadio e ecologicamente equilibrado, bem de uso comum do povo, para as presentes e futuras gerações.

Em seu art. 144, a Lei Orgânica do Município de São Paulo dita que integra o processo de planejamento o Plano Diretor, de elaboração e atualização obrigatória, nos termos da Constituição Federal.[6]

Já a política urbana do desenvolvimento do município tem por objetivo ordenar o pleno desenvolvimento das funções sociais da cidade, propiciar a realização da função social da propriedade e garantir o bem-estar de seus habi-

---

5   Constituição do Estado de São Paulo, artigos 155 e156.
6   Constituição Federal, art. 182, parágrafo 1º; Lei Orgânica do Município de São Paulo, artigos 144 e 150.

tantes, procurando assegurar o uso socialmente justo e ecologicamente equilibrado de seu território, a preservação, a proteção e a recuperação do meio, bem como a qualidade estética e referencial da paisagem natural.

E para cumprir tal disposto promoverá o município a correta utilização de áreas de risco geológico e hidrológico, orientando e fiscalizando seu uso e ocupação e, assim, combatendo todas as formas de poluição ambiental.[7]

Vale citar aqui, de forma resumida, como essas questões são tratadas nas diversas temáticas ambientais.

4.1. Ar

A manutenção da boa qualidade do ar é essencial para a manutenção de uma boa condição de vida e para a preservação da própria vida. A emissão de diversos poluentes na atmosfera tem causado uma série de fenômenos adversos ao meio ambiente, como o efeito estufa, a diminuição da capacidade de autodepuração do ar e as chuvas ácidas.

São inúmeros os danos causados pela poluição do ar, entre eles:

a) danos à saúde: doenças crônicas do aparelho respiratório; danos à saúde infantil; alergias; aumento da mortalidade/encurtamento da vida; alteração das funções fisiológicas; prejuízo à visibilidade;

b) danos materiais: aumento da velocidade de corrosão/eletroquímica; diminuição da umidade relativa, da temperatura e da luz;

c) danos às propriedades da atmosfera: alteração da velocidade dos ventos; diminuição em duas vezes da visibilidade pela presença de partículas no ar; presença de neblina;

d) danos à vegetação: redução da penetração de luz, da umidade do ar e da temperatura; deposição de poluentes no solo; penetração dos poluentes nos estômatos das plantas;

e) danos à economia: gastos relativos à presença e controle da poluição do ar; perda de dinheiro, gasto em empresas privadas e públicas reparadoras da poluição.

A inversão térmica, o aumento da temperatura e o despejo de toneladas de monóxido de carbono por ano na atmosfera impedem a dispersão

---

7   Lei Orgânica do Município de São Paulo, art. 149, incs. II e VI.

dos gases, fazendo que os níveis de concentração destes se tornem maiores, insuportáveis e altamente tóxicos.

A qualidade do ar também muda de acordo com as condições meteorológicas, que determinam maior ou menor diluição dos poluentes. E é por isso que o padrão de qualidade do ar define legalmente os limites máximos de concentração dos poluentes no ar, objetivando garantir, em cada área avaliada, a proteção à saúde e ao bem-estar das pessoas.

O padrão primário é determinado pelo nível máximo de poluentes, ou seja, aquele que, quando ultrapassado, pode afetar a saúde da população. O padrão secundário é aquele no qual as concentrações de poluentes atmosféricos estão abaixo daquelas em que se prevê o mínimo efeito sobre o bem-estar da população.

Para se determinar essas concentrações, são instalados equipamentos de monitoramento em todas as bacias aéreas, zonas mais poluídas e mais povoadas, bem como em locais de entrada de ar na região, de modo que não estejam localizados à mesma altura do solo ou em áreas com prédios e chaminés, por exemplo.

O Índice da Qualidade do Ar (PSI, *Pollutant Standards Index*), adotado para a padronização dos dados e dos índices monitorados pelos órgãos ambientais, leva em conta os diversos tipos de fonte de poluição, classificadas inicialmente como móveis e imóveis. As fontes móveis são os veículos, divididos em leves e pesados, sendo os tipos de combustíveis, controle e padrão por eles adotados limitados e estabelecidos em nível federal pelo Programa de Controle da Poluição do Ar por Veículos Automotores (Proconve). As fontes imóveis (fixas) são indústrias, hotéis, hospitais e lavanderias, sendo nesses casos realizados controles de partículas, por meio de coletores e filtros, de gases e vapores por incineradores (combustão), de adsorção, de absorção e de condensação.

Em São Paulo, algumas das técnicas usadas pela SVMA para o controle da qualidade do ar são:

a) planejamento territorial e zoneamento;

b) eliminação e minimização dos poluentes;

c) concentração dos poluentes na fonte de tratamento antes da emissão (lançamento);

d) diluição e mascaramento dos poluentes;

e) equipamentos de controle de poluição;

f) utilização de processos com menor emissão de poluentes;

g) uso de matérias-primas e combustíveis com baixo potencial poluidor;

h) implantação de áreas de proteção sanitária chamadas Cinturão Verde;

i) limitação no número de fontes de poluentes segundo os padrões de emissão e a qualidade do ar.

Observa-se que a eliminação do agente poluente deve ser feita na fonte emissora, uma vez que apenas determinadas substâncias podem ser lançadas no ar, e ainda assim em quantidades específicas.

Segundo Michel Prieur, "é pela obrigação jurídica de atingir certo resultado julgado necessário para a saúde pública (teto limite para os poluentes) que os poluidores chegaram a purificar o ar".[8]

Sendo assim, os aspectos legais e institucionais constituem ferramentas imprescindíveis à implantação e ao bom andamento dos programas de controle da poluição do ar.

Por isso, em 1989, quando foi criado o Ibama, determinou-se que esse órgão seria responsável pela formulação, coordenação e execução da Política Nacional de Controle da Poluição do Ar.

Sobre esse assunto, já havia sido criada, em 1976, a Portaria Minter n. 231, que estabeleceu os padrões de qualidade do ar e os conceituou como as

> concentrações de poluentes atmosféricos que, quando ultrapassadas, poderão afetar a saúde, segurança e bem-estar da população, bem como ocasionar danos à flora, à fauna e ao meio ambiente em geral.

Em 1986, fora instituído o Proconve e, posteriormente, diversas resoluções do Conama ampliaram o grupo de poluentes atmosféricos indicadores da qualidade do ar passíveis de monitoramento e controle.

No mesmo sentido, o Código Nacional de Trânsito (CNT) proíbe aos veículos transitar produzindo fumaça em níveis superiores aos fixados pelo Conselho Nacional de Trânsito (Contran).

---

8   PRIEUR, Michel. *Droit de l'environnement*. Paris: Dalloz, 1984. (Tradução da autora.)

A fixação dos padrões de qualidade do ar é uma medida sábia, pois leva em conta não somente as emissões, mas também as imissões, isto é, *põe em evidência a noção de saturação de um local no domínio da poluição*. Não se cogita saber somente quanto de poluente cada fonte está emitindo, mas se visa conhecer o conjunto das poluições existentes no ar, isto é, a poluição atmosférica global. Conforme já salientava em 1976 a Portaria Minter supracitada, "os planos de emergência poderão prever a redução das atividades das fontes poluidoras, fixas ou móveis, durante o período de inversões térmicas ou em situações perigosas".

Os estados podem estabelecer normas de emissão sem prévia consulta a qualquer órgão federal, por outro lado, se já existem normas federais, os estados são obrigados a respeitá-las, podendo, contudo, ser mais exigentes, e não mais benevolentes, que a legislação federal. Inexistindo disposições federais, nada obsta aos estados e municípios estatuírem sobre a matéria. Portanto, o controle do órgão federal é – no caso de inobservância de suas prescrições – *a posteriori* e não *a priori*, visando-se assim a uma harmonia de normas para que as ações conjuntas do controle de poluentes sejam reais e atinjam o fim a que se destina.

A Lei Federal n. 8.723/93 e suas alterações, que dispõem sobre a redução de emissão de poluentes por veículos automotores, destinam-se aos fabricantes de motores, de veículos e de combustíveis e explicitam limites de emissão, prazos e obrigações a serem cumpridas pelos fabricantes – e que devem ser exigidas pelo Poder Público e seus órgãos ambientais.

Cabe, segundo o art. 15 da citada lei, aos órgãos ambientais governamentais, em nível federal, estadual e municipal, o monitoramento da qualidade do ar atmosférico e a fixação de diretrizes e programas para seu controle, especialmente em locais urbanos, que apresentam altos índices de poluição.

Dessa forma, na esfera federal, do ponto de vista do controle da poluição do ar, cabe ao Ibama e ao Conama fixar os padrões da qualidade do ar e das emissões de poluentes segundo cada tipo de fonte, pois, como dita o art. 225 (inc. V) da Constituição Federal, incumbe-se o Poder Público controlar a produção, a comercialização e o emprego de técnicas, métodos e substâncias que comportem risco para a vida, a qualidade de vida e o meio ambiente.

Na esfera estadual, por sua vez, a competência para o controle da poluição do ar é da Secretaria de Meio Ambiente. Em termos legais, o Decreto Estadual n. 8.468/76 é um dos dispositivos mais importantes em relação às ações correlativas e preventivas que visam ao controle da poluição do ar, fixando padrões de qualidade, índices de emissões de fumaça para fontes fixas e móveis, além de padrões de emissão para determinados tipos de fontes industriais.

A Constituição do Estado de São Paulo dita, em concordância com a Constituição Federal, em seu art. 193, incs. IV e V, que o estado criará um sistema de administração da qualidade ambiental, realizando o controle da poluição e das atividades potencialmente poluidoras. Vale citar algumas Leis Estaduais de São Paulo:

a) Lei n. 11.603/94, dispõe sobre o uso de gás natural como combustível na frota de veículos oficiais, de transporte público e coletivo de passageiros;

b) Lei n. 11.733/95 e Lei n. 12.157/96 que dispõem sobre o Programa de Inspeção e Manutenção de veículos em uso.

A esfera municipal, que dispõe de autonomia administrativa, política e legislativa, mediante lei, organizará um sistema de proteção ambiental, fiscalizando e estabelecendo normas, critérios e padrões para a administração da qualidade ambiental do ar, conforme Lei Orgânica do Município de São Paulo (art. 181, inc. III).

Parâmetros de qualidade do ar

O nível de poluição do ar é medido pela quantificação das substâncias poluentes que se apresentam a cada momento. Considera-se poluente qualquer substância presente no ar e que, por sua concentração, possa torná-lo impróprio, nocivo ou ofensivo à saúde, inconveniente ao bem-estar público, danoso aos materiais, à fauna e à flora ou prejudicial à segurança, ao uso e gozo da propriedade e às atividades normais da comunidade.

A variedade de substâncias que podem estar presentes na atmosfera é muito grande, o que torna difícil a tarefa de estabelecer uma classificação. Entretanto, admite-se dividir os poluentes em duas categorias:

a) poluentes primários: emitidos diretamente pelas fontes de emissão;

b) poluentes secundários: formados na atmosfera pela reação química entre poluentes primários e constituintes naturais da atmosfera.

As substâncias usualmente consideradas poluentes do ar podem ser classificadas da seguinte forma:

a) compostos de enxofre (SO_2, SO_3, H_2S, sulfatos);

b) compostos de nitrogênio (NO, NO_2, NH_3, HNO_3, nitratos);

c) compostos orgânicos de carbono (hidrocarbonetos, álcoois, aldeídos, cetonas, ácidos orgânicos);

d) monóxido de carbono e dióxido de carbono;

e) compostos halogenados (HCl, HF, cloretos, fluoretos);

f) material particulado (mistura de compostos no estado sólido ou líquido).

A primeira observação sobre essa classificação é que ela é feita com base tanto em propriedades químicas quanto nas físicas, pois o grupo "material particulado" se refere ao estado físico e os outros, a uma classificação química.

São parâmetros relevantes no processo de contaminação atmosférica as fontes de emissão, a concentração dos poluentes e suas interações do ponto de vista físico (diluição, que depende do clima e condições meteorológicas) e do químico (reações químicas atmosféricas e radiação solar) e o grau de exposição dos receptores (ser humano, outros animais, plantas, materiais).

É importante salientar que mesmo mantidas as emissões, a qualidade do ar pode mudar em razão das condições meteorológicas, que determinam maior ou menor diluição dos poluentes. É por isso que a qualidade do ar piora durante o inverno, quando as condições meteorológicas são mais desfavoráveis à dispersão dos poluentes.

Durante os meses de inverno ocorre o fenômeno atmosférico conhecido por "inversão térmica". Trata-se da conjunção de alguns fatores meteorológicos e climáticos que favorecem a estagnação atmosférica, dificultando a diluição dos poluentes. A intensiva redução das correntes convectivas verticais deve-se à ocorrência de um determinado perfil vertical de distribuição de temperaturas, que induz a permanência das camadas mais frias em níveis próximos à superfície, especialmente nas manhãs de dias frios e ensolarados. A ausência de correntes horizontais contribui para o agravamento do problema.

A interação entre as fontes de poluição e a atmosfera definirá o nível de qualidade do ar, que determina, por sua vez, o surgimento de efeitos adversos da poluição do ar sobre os receptores, o homem, os animais, os materiais e as plantas.

A determinação sistemática da qualidade do ar deve ser, por problemas de ordem prática, limitada a um número restrito de poluentes, definidos de acordo com a sua importância e os recursos materiais e humanos disponíveis.

Nesse sentido, e de forma geral, a escolha recai sempre sobre um grupo de poluentes consagrados universalmente, que servem como indicadores de qualidade do ar: dióxido de enxofre (SO_2), poeira em suspensão, monóxido de carbono (CO), oxidantes fotoquímicos (expressos como ozônio [O_3], hidrocarbonetos totais [HC] e óxidos de nitrogênio [NO e NO_2]). A razão da seleção desses parâmetros como indicadores de qualidade do ar está ligada à sua maior frequência de ocorrência e aos efeitos adversos que causam ao meio ambiente.

Padrões de qualidade do ar

Os principais objetivos do monitoramento da qualidade do ar são:

a) fornecer dados para ativar ações de emergência durante períodos de estagnação atmosférica, quando os níveis de poluentes na atmosfera podem representar risco à saúde pública;

b) avaliar a qualidade do ar à luz de limites estabelecidos internacionalmente, para proteger a saúde e o bem-estar das pessoas;

c) acompanhar as tendências e as mudanças na qualidade do ar, decorrentes de alterações nas emissões dos poluentes.

Para atingir esses objetivos, torna-se necessária a fixação de padrões de qualidade do ar. Um deles define legalmente um limite máximo para a concentração de um componente atmosférico que garanta a proteção da saúde e do bem-estar das pessoas. Esses padrões são baseados em estudos científicos dos efeitos produzidos por poluentes específicos e fixados em níveis que possam propiciar adequada margem de segurança.

Através da Portaria Normativa n. 348 de 14 de março de 1990, o Ibama estabeleceu os padrões nacionais de qualidade do ar, ampliando o número de parâmetros anteriormente regulamentados pela Portaria Minter 231 de 27 de abril de 1976. Os padrões estabelecidos por essa Portaria foram submetidos ao Conama em 28 de junho de 1990 e transformados na Resolução Conama n. 3/90.

Como vimos, existem dois tipos de padrões de qualidade do ar: os primários e os secundários. São padrões primários de qualidade do ar as concentrações de poluentes que, ultrapassadas, poderão afetar a saúde da população. Podem ser entendidos como níveis máximos toleráveis de concentração de poluentes atmosféricos, constituindo-se em metas de curto e médio prazos.

São padrões secundários de qualidade do ar as concentrações de poluentes atmosféricos abaixo das quais se prevê o mínimo efeito adverso sobre o bem-estar da população, assim como o mínimo dano à fauna e à flora, aos materiais e ao meio ambiente em geral. Podem ser entendidos como níveis desejados de concentração de poluentes, constituindo-se em meta de longo prazo.

O objetivo do estabelecimento de padrões secundários é criar base para uma política de prevenção da degradação da qualidade do ar. Deve ser aplicado a áreas de preservação (por exemplo: parques nacionais, áreas de proteção ambiental, estâncias turísticas etc.). Não se aplicam, pelo menos a curto prazo, a áreas de desenvolvimento, onde devem ser aplicados os padrões primários. Como prevê a própria Resolução Conama n. 3/90, a aplicação diferenciada de padrões primários e secundários requer que o território nacional seja dividido nas classes I, II e III, conforme o uso pretendido. A mesma resolução prevê ainda que, enquanto não for estabelecida a classificação das áreas, os padrões aplicáveis serão os primários.

Os parâmetros regulamentados são: partículas totais em suspensão, fumaça, partículas inaláveis, dióxido de enxofre, monóxido de carbono, ozônio e dióxido de nitrogênio. Os padrões nacionais de qualidade do ar também são fixados na Resolução Conama n. 3/90.

A Legislação Estadual (Decreto Estadual n. 8.468 de 8 de setembro de 1976) também estabelece padrões de qualidade do ar e critérios para episódios agudos de poluição do ar, mas abrange número menor de parâmetros. Os parâmetros fumaça, partículas inaláveis e dióxido de nitrogênio não têm padrões e critérios estabelecidos na Legislação Estadual. Os parâmetros comuns às legislações federal e estadual têm os mesmos padrões e critérios, com exceção dos critérios de episódio para ozônio. Neste caso, a Lei Estadual é mais rigorosa para o nível de atenção (200 µg/m^3) e menos rigorosa para o nível de emergência (1.200 µg/m^3). O nível de alerta é igual (800 µg/m^3).

Nesse sentido, vale a pena citar o trabalho desenvolvido pela Secretaria do Meio Ambiente. Trata-se do Plano de Controle da Poluição por Veículos em Uso (PCPV), que visa atender às exigências da Resolução n. 18 de 13 de dezembro de 1995 e da Resolução n. 256, de 30 de junho de 1999, do Conama. Ele estabelece as diretrizes gerais e os critérios para o desenvolvimento de ações de controle da poluição gerada pela frota de veículos em circulação no estado de São Paulo, no âmbito de planejamento regional integrado, buscando, ainda, envolver de forma harmoniosa os diversos órgãos e entidades envolvidos.

Esse plano foi concebido a partir da visão integrada dos sistemas de transporte, energia e de medidas tecnológicas e não tecnológicas, de modo a estabelecer a base para formulação de um conjunto de diretrizes de governo passíveis de implementação. Detalhamentos complementares do PCPV serão introduzidos mediante processo de atualização permanente, em consonância com as necessidades do momento e as recomendações da Agenda 21, no que se refere ao desenvolvimento de um modelo de transporte sustentável.

Para as fontes fixas, os padrões também estão descritos na Resolução Conama n. 382/06.[9] Os critérios e limites são estabelecidos em diversas Resoluções desse órgão, não sendo aqui citadas as demais normas estaduais e municipais.

4.2. Água

A água é o mais precioso dos bens da humanidade. Como sabemos é absolutamente indispensável à vida. Porém, a administração dos recursos hídricos do Brasil encontra enorme dificuldade pela extensão do nosso território e pela multiplicidade de cursos de água existentes.

---

9   Art. 7º – As fontes fixas existentes, por já estarem em funcionamento ou com a licença de instalação requerida antes da publicação desta Resolução [em *Diário Oficial da União*, em 02/01/2007] deverão ter seus limites de emissão fixados pelo órgão ambiental licenciador, a qualquer momento ou no processo de renovação de licença, mediante decisão fundamentada.

§ 1º – O órgão ambiental licenciador poderá estabelecer valores menos restritivos que os limites máximos de emissão estabelecidos nesta Resolução, considerando as limitações tecnológicas e o impacto nas condições locais, de acordo com o disposto na Resolução Conama n. 05, de 15 de junho de 1989.

§ 2º – O órgão ambiental licenciador deverá estabelecer metas obrigatórias para os limites de emissão considerando o impacto das fontes existentes nas condições locais, mediante documento específico.

Art. 8º – A partir da publicação desta Resolução e até o estabelecimento de limites específicos, permanecem aplicáveis os critérios e limites estabelecidos na Resolução Conama n. 8, de 6 de dezembro de 1990, para os processos de geração de calor não abrangidos por esta Resolução.

É por isso que se procura planejar o uso racional dos recursos hídricos das bacias hidrográficas, com o objetivo de se aproveitar o múltiplo uso das águas com o mínimo de prejuízos ecológicos. Mas não são pequenos os problemas para se institucionalizar a gestão integrada das bacias hidrográficas, não só no pleito do Direito Interno, como também do Internacional.

Por isso, durante muitos anos acompanhamos a enorme batalha e consequente criação de um Sistema Administrativo Brasileiro, que obrigou as entidades municipais a consorciar-se com o apoio também obrigatório dos estados e da União, de modo a que fosse dado um tratamento conjunto aos recursos hídricos. Esse é o trabalho que está sendo desenvolvido pela Agência Nacional de Águas (ANA) e, no estado de São Paulo, pelo Conselho Estadual de Recursos Hídricos (CRH), entidade vinculada à SMA.

A Lei Federal n. 9.433, conhecida como Lei das Águas, instituiu a Política Nacional dos Recursos Hídricos e criou o Sistema Nacional de Gerenciamento dos Recursos Hídricos. Os Comitês de Bacias Hidrográficas constituem-se na base desse sistema e promovem fóruns com debates sobre as questões relacionadas à gestão dos recursos hídricos, sendo, por essa razão e suas atribuições normativas, consultivas e deliberativas, chamado por muitos de Parlamento das Águas.

Esses Comitês são constituídos por representantes dos Poderes Públicos, dos usuários das águas e das organizações civis com ações desenvolvidas para a recuperação e a conservação do meio ambiente e dos recursos hídricos em cada bacia hidrográfica. Sua criação formal depende de autorização do Conselho Nacional de Recursos Hídricos, que editou a Resolução n. 5/2000 que estabelece as diretrizes gerais para sua formação e seu funcionamento, e de decreto da Presidência da República.

Têm como objetivo a gestão participativa e descentralizada dos recursos hídricos no território em questão, utilizando-se da implementação dos instrumentos técnicos de gestão; harmonizando os conflitos e promovendo a multiplicidade dos usos da água; respeitando a dominialidade das águas; integrando as ações de todos os governos, no âmbito dos municípios, dos estados e da União; propiciando o respeito aos diversos ecossistemas naturais; promovendo a conservação e recuperação dos corpos de água; e garantindo o uso racional e sustentável dos recursos para a manutenção da boa qualidade de vida da sociedade local.

Entre suas principais competências destacam-se:

a) arbitrar os conflitos relacionados aos recursos hídricos na bacia hidrográfica em questão;

b) aprovar o Plano de Recursos Hídricos;

c) acompanhar a execução do Plano e sugerir as providências necessárias ao cumprimento de suas metas;

d) estabelecer os mecanismos de cobrança pelo uso de recursos hídricos e sugerir os valores a serem cobrados;

e) definir os investimentos a serem implementados com a aplicação dos recursos da cobrança.

Classificação dos corpos de água e padrões de qualidade

Como se sabe, o uso das águas tem diversos fins: o abastecimento doméstico e industrial, a produção de eletricidade (geração de energia), o controle de enchentes (preservação da fauna e flora), a irrigação, o transporte, o despejo de resíduos (diluição dos despejos) e a recreação. Por outro lado, os tipos de poluição em relação à água existentes podem ser classificados como:

a) natural: decomposição de vegetal e animais mortos;

b) industrial: atividades de fabricação de papel, petróleo, açúcar, álcool, siderúrgicas, metalúrgicas, frigoríficos e químicas;

c) urbano: esgotos domésticos;

d) agropastoril: defensivos agrícolas, fertilizantes, excrementos de animais e erosões.

Para solucionar os problemas relacionados com a poluição existente, o Código Penal Brasileiro, desde 1940, em seu art. 270, dita que é crime poluir água potável (água de beber e de alimentos) e que a pena é de reclusão de dois a cinco anos. Para tal, a prova é obtida por perícia e baseada nas normas e em seus respectivos padrões de qualidade federais, estaduais e municipais.

No mesmo sentido, a Lei Federal n. 9.605/98, que dispõe sobre as sanções penais e administrativas derivadas de condutas e atividades lesivas ao meio ambiente, determina em seu art. 33 que provocar, pela emissão de efluentes ou carreamento de materiais, o perecimento de espécimes da fauna aquática existentes em rios, lagos, açudes, lagoas, baías ou águas jurisdicionais brasileiras é crime ambiental com pena de detenção, de um a três anos, ou multa, ou ambas cumulativamente.

O critério técnico de classificação da água é o de nível de proteção de base e de seus efeitos ecológicos; consequentemente, o Comitê Especial definiu a utilização racional dos recursos hídricos com o mínimo de prejuízos ecológicos e que a classificação do corpo de água deve basear-se em parâmetros que atendam às necessidades da comunidade.

Essa classificação, segundo o Código das Águas (Decreto Federal n. 24.643/34), segue um critério técnico que divide as águas de forma a diferenciar as de uso comum das de uso dominical, sendo estas subdivididas em públicas, pluviais, subterrâneas e minerais (jazidas).

Assim, as normas e os objetivos de qualidade das águas são estabelecidos de acordo com critérios técnicos que avaliam o risco e a importância do dano causado por uma quantidade de poluição conhecida.

Essa classificação dos corpos de água e o estabelecimento de padrões têm sido oriundos de decisões administrativas federais, afinal a competência para legislar, exclusivamente, sobre às águas é da União.[10] Sendo certo que a matéria também é de competência supletiva dos estados e dos municípios.

Estabelecer a política de qualidade das águas é alçada da União, contudo, classificar os cursos de água dos estados é matéria que não é proibida a estes, pois a classificação representa mero enquadramento com olhar local dos parâmetros federais, podendo o Ibama e/ou o Conama, em caso de classificação errônea, corrigir de ofício ou mediante recurso.

Aos estados não é dado estabelecer condições diferentes para cada classe de água, nem inovar, no que concerne ao sistema de classificação e ao uso da água, em relação ao já estabelecido nas normas federais gerais.

No caso do estado de São Paulo, em 1976, foram promulgadas as normas ambientais de controle – a Lei n. 997/76 e seu Decreto Regulamentador n. 8.468 –, que estão em vigor até hoje, apesar de terem sofrido diversas atualizações e alterações. Tais normas dispõem sobre a prevenção e o controle da poluição do meio ambiente no estado.

Para o presente estudo de caso, devemos analisar o Capítulo II do Decreto 8.468/767, que trata do lançamento de efluentes na rede pública e nos corpos de água. No âmbito federal, somente em 1986, dez anos depois do Decreto em questão, foi editada pelo Conama norma que definisse os padrões para a qua-

---

10   Constituição Federal, art. 22, inc. IV.

lidade das águas brasileiras, bem como estabelecesse os padrões para lançamento de efluentes nos corpos hídricos. Trata-se da Resolução Conama n. 20/86, revogada pela nova Resolução 357/05 e demais alterações que dispõem sobre a classificação das águas doces, salobras e salinas, em todo o território nacional, e os padrões para lançamento de efluentes.

A Constituição Federal (art. 20, inc. III) inclui entre os bens da União os lagos, rios e quaisquer correntes de água em terrenos de seu domínio, ou que banhem mais de um estado, e os que servem de limite com outros países ou que se estendam a território estrangeiro ou dele provenham, e o mar territorial.

Consequentemente, compete à União, conforme descrito em seu art. 21 (incs. XIX, XX), instituir um Sistema Nacional de Gerenciamento de Recursos Hídricos e definir critérios de outorga de direitos de seu uso, assim como instituir diretrizes para o desenvolvimento urbano, inclusive saneamento básico.

Concorrente à competência delegada à União, está a dos estados federados, pois tal delegação é comum, conforme dita a Constituição Federal: "É competência comum da União, estados, distrito federal e municípios proteger o meio ambiente e combater a poluição em qualquer de suas formas, bem como promover programas de melhoria do saneamento básico".[11]

Incluem-se entre os bens dos estados federados as águas superficiais ou subterrâneas, fluentes, emergentes e em depósito, neste caso, as decorrentes de obras da União, bem como as áreas nas ilhas oceânicas e costeiras, que estiverem no seu domínio, excluídas aquelas sob domínio da União, municípios ou terceiros, e as ilhas fluviais e lacustres não pertencentes à União.[12]

Uma interpretação mais categórica do art. 22 (inc. IV) da Constituição Federal deve levar em conta o art. 24 (incs. VI e XII), uma vez que este descreve que os estados e os municípios têm competência supletiva para intervir.

Assim, analisando-se, por exemplo, a Lei Federal 6.050/74, que dispõe sobre a fluoretação da água em sistema de abastecimento, quando existir tratamento, vemos que é prescrição em que se interpenetram o uso da água e a preocupação sanitária.

---

11 Constituição Federal, art. 23, incs. VI e IX.
12 Constituição Federal, art. 26, incs. I, II, III.

Portanto, não seria vedado a um estado ou a um município exigir que, além da fluoretação, fosse obrigatória a cloretação da água.

Não podemos minimizar os riscos de um entendimento jurisprudencial excessivamente centralizador. Se, de um lado, poderá ocorrer uma pletora de leis e regulamentos, às vezes conflitantes entre si, de outro, a solução dos problemas locais poderá ficar esquecida e irremediavelmente comprometida, se o organismo federal deixar de agir ou agir inadequada e incompletamente.

Por isso, a Constituição do Estado de São Paulo dita que caberá ao estado, em cooperação com os municípios, orientar o uso racional de recursos naturais de forma sustentada, compatível com a preservação do meio ambiente, especialmente quanto à proteção e à conservação do solo e da água. Além disso, determina, no Capítulo IV, art. 193, inc. V, que, em relação ao meio ambiente e recursos hídricos, o estado, mediante lei, criará um sistema de administração da qualidade ambiental, proteção e controle, com o fim de informar a população sobre os níveis de poluição, fazendo auditorias nos sistemas de controle de poluição e das atividades potencialmente poluidoras.

Dessa forma, fica claro que o estado instituirá, por lei, um sistema integrado de gerenciamento dos recursos hídricos, congregando órgãos estaduais e municipais, e a sociedade civil e assegurando meios financeiros e institucionais para a proteção das águas contra ações que possam comprometer seu uso atual e futuro, bem como celebrará convênios com os municípios, para a gestão, por estes, das águas de interesse exclusivamente local.

E de acordo com a Constituição Estadual, o Poder Público, mediante mecanismos definidos em lei, contribuiria para o desenvolvimento dos municípios em cujos territórios se localizassem reservatórios hídricos e daqueles que recebam o impacto destes.

As águas subterrâneas, reservas estratégicas para o desenvolvimento econômico-social e valiosas para o suprimento de água às populações, deverão ter programa permanente de conservação e proteção contra a poluição e superexploração, com diretrizes em lei – o que não acontece em diversas áreas por causa do aumento populacional.

É ainda vedado o lançamento de qualquer efluente, esgoto urbano e industrial, sem o devido tratamento, em todos os corpos de água. Os padrões estão descritos nas normas federais e estaduais de São Paulo supracitados.

De forma geral, para proteger, preservar e prevenir as águas contra efeitos adversos, o Estado incentivará a adoção pelo município de:

a) instituição de áreas de preservação das águas de abastecimento, conservação e recuperação das matas ciliares;

b) zoneamento das áreas inundáveis, mantendo a capacidade de infiltração do solo;

c) adoção de sistemas de alerta e defesa civil em caso de eventos hidrológicos indesejáveis;

d) programas de racionalização do uso das águas destinadas ao abastecimento, combatendo erosões e inundações.

Sabe-se ainda que o estado não intervirá nos municípios, bem como caberá aos dois, pela celebração de convênios, a proteção das águas.[13] Além disso, o município terá autonomia político-administrativa para legislar sobre as águas de exclusividade de seu território, segundo interesse local, obedecendo aos preceitos das legislações superiores.

No caso do município de São Paulo, segundo sua política urbana e a Lei 11.426/93 (art. 17, incs. II, IV e VII), ele deverá participar do sistema de saneamento e terá por objetivo ordenar o pleno desenvolvimento das funções sociais, garantindo o bem-estar de seus habitantes e assegurando a proteção e a recuperação do meio ambiente.

E para cumprir tal disposto, deverá promover o correto uso de áreas de risco hidrológico, orientando e fiscalizando seu uso e ocupação, bem como prevendo sistemas adequados de escoamento e infiltração das águas pluviais, além da preservação dos fundos de vale de rios, córregos e leitos em curso não perenes, para canalização, áreas verdes e passagem de pedestres.

No mesmo sentido, o município, em concordância com o art. 205 da Constituição Estadual, formulará o Plano Municipal de Saneamento Básico e participará, isoladamente, ou em consórcio com outros municípios da mesma bacia hidrográfica, do sistema integrado dos recursos hídricos do estado de São Paulo – o que atualmente já ocorre.

---

13 Constituição do Estado de São Paulo, art. 149.

Mananciais

A Constituição do Estado de São Paulo, em seu art. 197 (inc. II), estabelece que são áreas de proteção permanente, as nascentes, os mananciais e as matas ciliares; e a Lei Orgânica do Município de São Paulo, consequentemente, dita que os Parques Municipais, o Parque do Povo, a Serra da Cantareira, o Pico do Jaraguá, a Mata do Carmo, as Represas Billings e Guarapiranga, a Fazenda Santa Maria e outros mananciais, além dos rios Tietê e Pinheiros e suas margens, nos segmentos pertencentes a esse município, constituem espaços especialmente protegidos.

Já a Lei Estadual n. 898/75 tem por fim disciplinar o uso do solo para a proteção de mananciais, cursos e reservatórios de água e demais cursos hídricos de interesse da Região Metropolitana da Grande São Paulo. A lei previu a criação de proteção, abrangendo no máximo as áreas de drenagem referentes a diversos reservatórios e rios. Sendo que o art. 5º, *caput*, diz que

> as áreas de proteção serão delimitadas por lei, que poderá estabelecer seus limites, faixas ou áreas de maior restrição, denominadas de primeira categoria e que abrangerão, inclusive o corpo de água, enquanto as demais, denominadas de segunda categoria, serão classificadas na ordem decrescente das restrições a que estarão sujeitas.

Contudo, a Lei Estadual 1.172/76 tem por fim delimitar as áreas de proteção relativas a mancias, cursos e reservatórios de água, a que se refere o art. 2º da Lei 898/75, e estabelecer normas de restrições ao uso do solo em tais áreas.

Tendo em vista os fatos já arrolados, na esfera federal, são estabelecidas as normas gerais para o país como um todo. Existindo também a possibilidade legal de uma ação ou sanção da esfera federal quando houver omissão ou da falta de condições técnicas da autoridade estadual.

Ao estado cabe a principal responsabilidade de atuação na área de controle, englobando desde o planejamento e o estabelecimento de programas, até sua execução, acompanhamento e fiscalização. Em relação à esfera municipal, cabe o estabelecimento do Plano Diretor envolvendo, entre outros aspectos importantes, um adequado uso do solo.

Existindo a lei, há necessidade de haver entidades que garantam o seu cumprimento, e com isso não queremos dizer da necessidade de um órgão de polícia que exerça uma ação coercitiva e fiscal. O órgão com a missão de fazer cumprir tal legislação deverá ser, antes de mais nada, um órgão técnico: em São Paulo, o âmbito local aqui estudado, cabe à SVMA o trabalho de criar normas e padrões de controle da poluição, e de participação do sistema integrado de gerenciamento dos recursos hídricos, bem como do sistema de saneamento.

Além disso, a destruição da cobertura vegetal, sobretudo nas zonas onde se encontram os mananciais, adicionada à ocupação de áreas de várzeas, fez que o Poder Público local tomasse diversas atitudes, criando ações de recuperação, prevenção e proteção da qualidade ambiental nesses locais.

4.3. Solo

A diminuição das florestas traz consigo perdas nas camadas superiores do solo (húmus), provocadas pela ação do vento e das chuvas. Outra forma de perda do solo é a desertificação, que afeta a vida de cerca de um sexto da população mundial e para a qual contribuem fatores como as mudanças climáticas, as secas, o uso excessivo do solo na agricultura e na pecuária e as ações políticas que impedem as pessoas pobres de ter sua própria terra em solos férteis. E as estatísticas mostram que a cada ano, 6 milhões de hectares de terra perdem sua capacidade produtiva e tornam-se estéreis.

Os danos causados ao solo devem-se à remoção da camada superficial fértil e à sua má utilização, que causa erosão, assoreamento dos rios, com consequente alteração dos cursos de água, além de alteração do relevo.

Classificação das terras

Nas legislações, entre os bens da União estão incluídas as terras devolutas indispensáveis à defesa das fronteiras, das fortificações e construções militares, das vias federais de comunicação e à preservação ambiental, bem como os recursos minerais, inclusive o subsolo.

Incluem-se entre os bens dos estados federados as terras devolutas não compreendidas entre as da União, bem como áreas, nas ilhas oceânicas e costeiras, que estiverem no seu domínio, excluídas aquelas sob domínio da União e dos municípios.

Estão incluídas no patrimônio municipal as terras devolutas que se localizam dentro de seus limites, sendo elas destinadas prioritariamente ao uso público, assegurando-se o respeito aos princípios e às normas de proteção ao meio ambiente.

Por fim, aos municípios, compete promover, mediante planejamento, no que lhe couber dentro do adequado ordenamento territorial que lhe é atribuído, o controle do uso, do parcelamento e da ocupação do solo urbano.

Diante de seus patrimônios, União, estados e municípios, no estabelecimento de diretrizes e normas relativas ao desenvolvimento urbano, assegurarão em conjunto restrições ao uso de áreas de riscos geológicos, bem como orientarão a utilização racional dos recursos naturais de forma sustentada, com a preservação do meio ambiente, em especial quanto à proteção e à conservação do solo e da água.

No âmbito local, a Lei Municipal estabelecerá, em conformidade com as diretrizes do Plano Diretor, normas sobre zoneamento, loteamento, parcelamento, uso e ocupação do solo. O Plano Diretor deve abranger, portanto, a totalidade do território do município, definindo as diretrizes para o uso do solo e para os sistemas de circulação, condicionada às potencialidades do meio físico e ao interesse ambiental.

Por outro lado, o estado apoiará, ainda, a formação de consórcios entre os municípios, objetivando a solução de problemas comuns relativos à proteção ambiental, em particular à preservação dos recursos hídricos e ao uso equilibrado dos recursos naturais.

É por isso que a Lei Orgânica do Município de São Paulo dita, no parágrafo 2º de seu art.147, que o município compatibilizará, quando de interesse para sua população, seus planos e normas de ordenamento do uso e ocupação do solo aos planos e normas regionais e às diretrizes estabelecidas por compromissos consorciais.

Afinal compete ao estado elaborar e propor o planejamento estratégico do conhecimento geológico de seu território, executando permanentemente o levantamento geológico básico, no atendimento das necessidades do desenvolvimento econômico e social, em conformidade com a Política Estadual do Meio Ambiente.

Além disso, deverá aplicar o conhecimento geológico ao planejamento regional e às questões ambientais, de erosão do solo e de estabilidade das encostas. Deverá assegurar também o suprimento dos recursos minerais necessários ao atendimento da agricultura e das indústrias de maneira estável e harmônica com as demais formas de ocupação do solo e com o atendimento à legislação ambiental.

O estado de São Paulo adotou medidas para o controle da erosão, estabelecendo normas de conservação do solo em áreas urbanas e agrícolas.

4.4. Emissão de ruídos e vibrações

Estudo publicado pela Organização Mundial de Saúde assinala como efeitos desse tipo de poluição perda da audição, interferência na comunicação, dor, interferência no sono, efeitos clínicos sobre a saúde, efeitos sobre a execução de tarefas e incômodo e efeitos não específicos.

Além disso, o aumento do nível de ruídos e vibrações tem efeitos como dilatação das pupilas, aumento da produção de hormônios tireoidianos e adrenalina, reações musculares, constrição dos vasos sanguíneos, diminuição da imunidade com aumento da corticotrofina, além de problemas auditivos e cardiovasculares.

As fontes de vibrações e ruídos são classificadas em estacionárias e móveis. Exemplos das primeiras são operadoras industriais, construções e casas noturnas comerciais; e das segundas, veículos, aeronaves, trens, máquinas ou equipamentos, como as chamadas bate-estacas.

A política urbana no município tem por objetivo ordenar o pleno desenvolvimento das funções sociais da cidade, garantindo o bem-estar de seus habitantes. Para cumprir tal disposto, o município promoverá, entre outros, o combate de todas as formas de poluição ambiental, inclusive a sonora nos locais de trabalho.

O controle da emissão de ruídos e vibrações, do ponto de vista legal, considera os níveis de ruídos em ambientes externos e internos.

Em relação ao ambiente interno ou ocupacional, há a Portaria n. 3.214/76 do Ministério do Trabalho e a norma técnica n. 10.152 referente a "Níveis de Ruído para Conforto Acústico" da Associação Brasileira de Normas Técnicas (ABNT), que fixa níveis de ruído compatíveis com o conforto acústico em diversos ambientes, tais como hospitais, escolas, hotéis, escritórios, residências, igrejas e locais para esporte.

Quanto ao meio externo ou a níveis de ruído ambiental, o dispositivo vigente é a Resolução Conama 1/90. Esse dispositivo da esfera federal se reporta à norma técnica da ABNT n. 10.151, referente à "Avaliação do Ruído em Áreas Habitadas Visando ao Conforto da Comunidade". Essa norma especifica um método para mediação de ruído e aplicação de correções nos valores medidos, além de uma comparação dos níveis corrigidos por meio de um critério que leva em conta diversos fatores ambientais.

Tanto no âmbito estadual quanto no municipal, são diversos os dispositivos específicos relacionados à fixação de limites de níveis de ruído, como a Lei do Silêncio da Prefeitura de São Paulo.

Do ponto de vista institucional há alguns órgãos com competência para desenvolver o controle e a fiscalização, mas durante anos essas ações foram desenvolvidas de forma muito setorizada.

No âmbito federal, o Ibama e o Conama são os órgãos de fiscalização e normatização. Além deles, o Contran é responsável pelo controle dos veículos automotores, e o Departamento de Aviação Civil (DAC) tem competência para fiscalizar os aeroportos.

No nível estadual, e no caso particular de São Paulo, a SMA é a instituição com competência para fiscalizar e controlar as fontes industriais e veiculares.

Todas essas entidades e respectivas normas foram criadas para que sejam adotadas medidas de controle que estabeleçam padrões quanto à emissão de ruídos e vibrações.

4.5. Resíduos sólidos

O aumento crescente e insustentável do consumo, particularmente nos países industrializados, exige o aumento da produção de bens e da utilização de minerais não renováveis extraídos do solo: metais como ferro, cobre, alumínio; minerais de importância industrial como calcário e soda; materiais para construção como areia e cascalho; minerais energéticos como urânio, carvão, petróleo e gás natural.

Esse consumo faz aumentar a cada ano a quantidade e a variedade de resíduos sólidos que oferecem perigo à saúde e constituem grave ameaça à água superficial e subterrânea e ao ar. O problema maior consiste no manejo inadequado desses resíduos que pode ocasionar infiltrações dos líquidos, gerados em sua decomposição, nas camadas mais profundas e, assim, ocasionar a contaminação das áreas de mananciais. A disposição de resíduos diretamente nos solos foi por muitos anos considerada uma prática aceitável, pois acreditava-se que os produtos gerados pelos resíduos, denominados percolados, eram completamente dissolvidos no solo, sem representar ameaça de contaminação.

A partir da década de 1950, alguns países começaram a dar mais importância para a contaminação da água subterrânea e, consequentemente, estudos foram desenvolvidos nesse campo. Como resultado, os resíduos foram classificados em duas categorias: perigosos e não perigosos. A necessidade de caracterizá-los para determinar seu destino final tornou-se essencial, principalmente para evitar sua disposição em locais inadequados, que possam causar graves contaminações do meio ambiente.

A periculosidade dos resíduos depende, em geral, dos seguintes fatores:
a) natureza (inflamabilidade, corrosividade, reatividade, toxicidade e patogenicidade);
b) concentração;
c) mobilidade;
d) persistência e bioacumulação;
e) degradação.

Para a caracterização dos resíduos, a Norma Técnica Brasileira (NBR 10.004) conceitua a periculosidade como uma

> característica apresentada por um resíduo, que, em função de suas propriedades físicas, químicas ou infectocontagiosas, pode apresentar:
>
> a) risco à saúde pública, provocando ou acentuando, de forma significativa, um aumento de mortalidade por incidência de doenças, e/ou
> b) riscos ao meio ambiente, quando o resíduo é manuseado ou destinado de forma inadequada.

Essa norma classifica os resíduos quanto à periculosidade em:
a) Classe I – Resíduos Perigosos: são aqueles que apresentam riscos à saúde pública e ao meio ambiente, exigindo tratamento e disposição especiais em razão de suas características de inflamabilidade, corrosividade, reatividade, toxicidade e patogenicidade.

b) Classe II A – Resíduos não Inertes: são os que não apresentam periculosidade, porém não são inertes; podem ter propriedades como combustibilidade, biodegradabilidade ou solubilidade em água.

c) Classe II B – Resíduos Inertes: são aqueles que, ao serem submetidos aos testes de solubilização (NBR 10.007 da ABNT), não têm nenhum de seus constituintes solubilizados em concentrações superiores aos padrões de potabilidade da água. Muitos deles são recicláveis. Esses resíduos não se degradam ou não se decompõem quando dispostos no solo (se degradam muito lentamente).

Para efetuar tal controle, as técnicas adotadas para não contaminação das águas subterrâneas são: minimização dos resíduos, reciclagem dos produtos pela coleta seletiva e alteração do processo produtivo e outros instrumentos recentemente aprovados na Política Nacional de Resíduos Sólidos.

Para uma efetiva redução nos problemas relacionados ao lixo, diversas prefeituras, responsáveis constitucionalmente pela coleta de vários tipos de resíduos, implantaram a coleta seletiva semanal, com vistas a aumentar a vida útil dos aterros, bem como proporcionar a reciclagem de materiais (papel, papelão, plástico e metais).

O município tem peculiar interesse na organização dos serviços de limpeza pública, coleta, transporte e depósito dos resíduos sólidos. Seu interesse predomina sobre os da União e dos estados na matéria; mas por causa da necessidade de experiência técnica mais avançada para certos tipos de tratamento de resíduos e de investimentos de largas somas para implantar novas usinas de tratamento, a União e os estados, além de estabelecer normas, precisam intervir, auxiliando técnica e financeiramente o ente municipal.

Aos municípios é atribuída dupla competência no que diz respeito aos resíduos sólidos, pois podem legislar e atuar, supletivamente, na fiscalização do seu manuseio, armazenamento, transporte e disposição final e, ao mesmo tempo, têm competência privativa para organizar os serviços públicos locais, entre os quais, os relativos aos resíduos sólidos urbanos.

É de se lembrar que a responsabilidade dos municípios pela prestação do serviço público de coleta, remoção e destinação final desses resíduos diz respeito apenas ao lixo urbano, não abrangendo os resíduos sólidos industriais. Porém, esse ente poderá se responsabilizar facultativamente, em determinados casos, pois segundo o art.125 (incs. II e III) da Lei Orgânica, constituem serviços municipais administrar a coleta, o tratamento e o destino do lixo, bem como efetuar a limpeza das vias e logradouros públicos.

De forma geral, podemos dizer que os resíduos sólidos perigosos, ou seja, aqueles de natureza tóxica, e também os que contêm substâncias inflamáveis, corrosivas, explosivas, radioativas e outras consideradas prejudiciais, deverão sofrer tratamento ou acondicionamento adequado, no próprio local de produção, nas condições estabelecidas pelo órgão de controle da poluição. Proíbe-se ainda o lançamento de resíduos em corpos de água e obriga-se à incineração de resíduos patogênicos.

A legislação é ampla e, em muitos casos, específica para cada tipo de resíduo gerado, mas, de forma geral, podemos dizer que são proibidos a deposição, o descarregamento, o enterro, a infiltração ou a acumulação no solo de resíduos, o que só poderá ser feito de acordo com as normas existentes, de modo que antes da deposição final haja não só tratamento, mas também acondicionamento adequado.

Capítulo 6

Responsabilidade por dano ambiental e proteção ao meio ambiente

1. Conceito e fundamento legal de dano e reparação

A responsabilidade por dano ambiental talvez seja uma das questões mais controversas e discutidas da atualidade. Tal conflito tem por base a determinação do conceito de dano ambiental, bem como a definição legal de reparação.

Muitas podem ser as variações tocantes à responsabilidade, sua intensidade e extensão, apenas com base nos diversos entendimentos de dano ambiental efetivo.

Conforme o professor José Afonso da Silva, "dano ecológico é qualquer lesão ao meio ambiente causado por condutas ou atividades de pessoa física ou jurídica de direito público ou de direito privado".[1]

Essas afirmações são reforçadas pelo art. 225 (parágrafo 3º) da Constituição Federal, que determina que "as condutas e atividades consideradas lesivas ao meio ambiente sujeitarão os infratores, pessoas físicas ou jurídicas, a sanções penais e administrativas, independentemente da obrigação de reparar os danos causados".

Contudo, ao analisarmos efetivamente qual é o conceito de dano ambiental adotado em nossa legislação, podemos ter dificuldade de entendimento e interpretação, uma vez que a própria Constituição declara competir à União, aos estados e ao Distrito Federal legislar concorrentemente sobre responsabilidade por dano ao meio ambiente, ao consumidor, a bens e direitos de valor artístico, estético, histórico, turístico e paisagístico.

Em termos de Direito Comparado, podemos sem dúvida nos remeter ao Direito norte-americano, pois a partir da década de 1970, os Estados Unidos passaram a conviver com sérios problemas ambientais e ecológicos decorrentes de frequentes acidentes industriais, muitos deles relacionados a atividades de petróleo e ao depósito de lixo tóxico. Por tais fatos, a legislação ambiental teve enorme evolução, especialmente no que diz respeito à proteção ambiental a partir da conceituação de dano. Foi dada grande importância ao aspecto da aferição dos danos ambientais e, para tanto, levantadas numerosas indagações acerca do que exatamente medir (só os danos; ou os danos mais os custos da avaliação; ou os danos mais os custos de avaliação mais o perigo

---

1 SILVA, José Afonso da. *Direito Ambiental Constitucional*. São Paulo: Malheiros, 1994.

temporário ao meio ambiente antes da completa restauração) e de como medir (apenas o chamado custo de restauração [medida exata da restauração física]; ou o chamado valor da perda-uso [contribuição ao bem-estar humano que se perdeu], sabendo-se que na maioria dos casos, o custo de reparação é mais alto que o valor perda-uso).

Foram muitas as medidas normativas criadas pelos norte-americanos; entre elas vale citar:

a) DWPA (1974, *Deepwater Port Act*) que ofereceu pouca orientação sobre como aferir danos, apesar de ser importante diploma para a época. Segundo a norma, danos são "todos os danos, com exceção dos custos de limpeza, sofridos por qualquer pessoa, ou envolvendo propriedade real ou pessoal, recursos naturais do meio ambiente marítimo, ou meio ambiente costeiro de qualquer nação, incluindo danos reivindicados independentemente da propriedade de quaisquer propriedades afetadas, construções, peixes, ou recursos da biota ou naturais". Percebe-se aqui uma dúvida quanto à eventualidade dos custos incorridos na aferição de os danos estarem incluídos.

b) FWPCA (1977, *Federal Water Pollution Control Act*) que deixou claro que "a responsabilidade civil inclui também a restauração ou troca dos recursos naturais danificados ou destruídos". Assim, onde for impraticável a "efetiva restauração de um recurso ambiental, a medida de aferição de danos será o custo de adquirir recursos equivalentes".

c) OSCLA (*Outer Continental Shelf Lands Act*): criou a responsabilidade civil, abrangendo mais do que apenas danos.

Atualmente, por fim, a aferição de danos ambientais já tem, nos Estados Unidos, ampla sustentação legal, com base na CERCLA (*The Comprehensive Environmental Response, Compensation and Liability Act*) e em suas emendas, o que torna os agentes responsáveis por emissões de substâncias perigosas no meio ambiente civilmente responsáveis por "danos, prejuízos, destruição ou perda de recursos naturais".

Assim, podemos dizer que, conforme esse ponto de vista e sua evolução, os danos incluem:

a) compensação pelo (i) custo de recolocar, restaurar ou adquirir o equivalente de um recurso do santuário, e (ii) valor da utilização perdida pelo uso de um recurso, aguardando sua restauração, troca ou aquisição de um recurso equivalente, ou (iii) valor do recurso, caso este não possa ser restaurado ou trocado ou se o equivalente de tal recurso não puder ser adquirido;

b) a difícil mensuração do custo de verificações dos danos.[2]

Em 1990, o Congresso norte-americano dispôs que os danos devem ser aferidos com base no custo de restauração, e só em casos de impraticabilidade física da restauração deverá ser usada a fórmula valor-uso.

Essa seria uma conceituação bastante completa dos meios de aferição dos danos ambientais. Cumpre citar, inevitavelmente, o caso dos Estados Unidos, por sua importância na economia mundial e também suas várias experiências em termos de agressões ao meio ambiente. Assim, têm reflexo mundial as medidas ambientais adotadas naquele país, sejam elas positivas ou não.

A legislação brasileira, por sua vez, tem um importante instrumento, que é a Lei n. 6.938/81 (art. 14, parágrafo 1º), que determina que o poluidor é obrigado, independentemente de culpa, a indenizar ou reparar os danos causados ao meio ambiente e a terceiros, afetados por sua atividade.

Esse dispositivo foi reforçado pela Constituição de 1988, levando consigo o instituto da responsabilidade objetiva.

Isso tem grandes implicações no nexo de causalidade, ou seja, na relação do dano (atividade prejudicial) com seu resultado.

Essa questão tem gerado muitas controvérsias e até poucos anos atrás não havia sido suficientemente concretizada na doutrina e, principalmente, na jurisprudência brasileiras. Veremos adiante, com maior clareza, como tem sido entendida no caso brasileiro a relação de causalidade, bem como os tipos de responsabilidade cabíveis.

Vale citar, como bem nos lembra Helli Alves de Oliveira, a doutrina da "normalidade da causa e anormalidade do resultado", que tem por base justamente o instituto da responsabilidade objetiva a fundamentar a reparação. Assim, por exemplo, não exonera o poluidor ou degradador nem mesmo a prova de que sua atividade é normal e lícita.[3]

---

[2] BREEN, Barry. História dos danos aos recursos naturais nos USA. In: BENJAMIN, Antonio Herman (Coord.). *Dano ambiental*: prevenção, reparação e repressão. São Paulo: Revista dos Tribunais, 1993. v. 2.

[3] OLIVEIRA, Helli Alves de. *Da responsabilidade do Estado por danos ambientais*. Rio de Janeiro: Forense, 1990.

Uma vez que a existência do dano é pressuposto indispensável para a formulação da responsabilidade ambiental, faz-se necessária uma breve análise de seu conceito jurídico.

O professor José Rubens Morato Leite ensina: "Dano é toda a ofensa a bens ou interesses alheios protegidos pela ordem jurídica".[4]

O dano é o prejuízo causado a terceiros, ao se lesar bens juridicamente protegidos. Ele pode ser visto sob dois aspectos: patrimonial, no qual se atinge o patrimônio econômico do lesado; e extrapatrimonial ou moral, quando o prejuízo à vítima é psicológico, ou seja, os direitos da personalidade é que são afetados.

No que concerne ao dano ambiental, sua caracterização dependerá da valoração dada ao bem jurídico lesado pelo dano e protegido pela ordem jurídica. Por isso, para a definição do dano ambiental, torna-se essencial, preliminarmente, que se caracterize o conceito jurídico de meio ambiente.

Como vimos nos capítulos iniciais, meio ambiente pode ser conceituado com um bem jurídico pertencente a todos os cidadãos indistintamente, podendo, desse modo, ser usufruído pela sociedade em geral. Contudo, toda a coletividade tem o dever jurídico de protegê-lo, o que pode ser exercido pelo Ministério Público, pelas associações, pelo próprio Estado e até mesmo pelos cidadãos.

Assim o dano ambiental pode ser compreendido como o prejuízo causado aos recursos ambientais indispensáveis para a garantia de um meio ecologicamente equilibrado, provocando a degradação e, em consequência, o desequilíbrio ecológico. Assim, não apenas a agressão à natureza deve ser objeto de reparação, mas também a privação do equilíbrio ecológico, do bem-estar e da qualidade de vida imposta à coletividade.

2. A determinação da responsabilidade

Como demonstrado, a definição precisa de dano ambiental é diversa na doutrina. Da mesma forma, a caracterização da responsabilidade por dano

---

4   LEITE, José Rubens Morato. *Dano ambiental*: do individual ao coletivo extrapatrimonial. São Paulo: Revista dos Tribunais, 2000.

ambiental não é uma matéria clara e límpida, sobretudo quando se lida com a chamada responsabilidade objetiva, que independe de culpa.

No plano puramente jurídico tudo parece muito claro, no entanto, não tem sido essa a realidade, sendo esse talvez um grande fator instigante neste tópico.

Não há dúvida quanto à clareza de nossa Constituição, quando em seu artigo 225 (parágrafo 3º), ela determina que as "condutas e atividades consideradas lesivas ao meio ambiente sujeitarão os infratores, pessoas físicas ou jurídicas, a sanções penais e administrativas, independentemente da obrigação de reparar os danos causados".

No entanto, em casos práticos, muitas dificuldades são verificadas na correta aplicação desse conceito.

A primeira dificuldade relaciona-se com a definição do que realmente vem a ser "condutas e atividades consideradas lesivas ao meio ambiente", ou seja, com a definição de dano ambiental e as respectivas definições de padrões. Seria necessária a prévia ocorrência de um dano para sua posterior caracterização como conduta lesiva? A segunda dificuldade, decorrente do contexto, é a de determinar o infrator.

Também pareceu difícil e impraticável, para muitos, durante alguns anos, a responsabilidade penal de pessoa jurídica, mesmo diante dos claros conceitos presentes na Lei de Crimes Ambientais.

Percebe-se que esse dispositivo constitucional, apesar de avançadíssimo, não tivera aplicação prática equivalente durante um longo tempo, até que fosse criada a Lei de Crimes Ambientais. Não apenas no caso de dano ambiental, a questão de determinação da responsabilidade e a efetividade dos instrumentos de gestão ambiental e processuais, com relação a agressões ao patrimônio público, enfrentaram muitas dificuldades; e debates foram feitos para se tornar eficaz a correta aplicação dos avançados conceitos legais.

Em se tratando de direitos difusos e, especialmente, da proteção ao meio ambiente – que talvez seja o mais *difuso* deles –, há de se ressaltar as grandes dificuldades encontradas, sobretudo diante de maiores interesses econômicos e políticos.

A determinação do responsável por dano ambiental e a busca da efetividade dos meios processuais de defesa constituem um grande passo para a construção da cidadania em nosso país, mesmo em relação a seus direitos fundamentais, entre os quais citamos o direito à vida e que, conforme nos ensina de forma brilhante Antônio A. Cançado Trindade, imprescindem do respeito e garantia a um meio ambiente sadio e equilibrado.[5]

Como veremos adiante, o dispositivo constitucional estabelece três tipos de responsabilidade ambiental, independentes entre si: a administrativa, a criminal e a civil, com suas respectivas sanções. À luz do texto constitucional, as atividades lesivas ao meio ambiente dão origem a essas três modalidades de responsabilidade, sujeitas às sanções penais, administrativas e civis, independentes entre si, podendo, contudo, ser aplicadas isolada ou cumulativamente por um mesmo ato danoso ao meio ambiente.

3. Dano e responsabilidade ambiental na Lei da Ação Civil Pública

Para a abordagem do tema, é necessário estabelecer parâmetros delimitadores do dano ambiental de forma a esclarecer que tipo de evento habilita a propositura de ação civil pública. A Lei Federal n. 7.347/85 dispõe, em seu art. 1º (inc. I): "Regem-se pelas disposições desta Lei, sem prejuízo da ação popular, as ações de responsabilidade por danos morais e materiais causados ao meio ambiente".

Para essa tutela não me parece correta a afirmação de que é fundamental a comprovação de ocorrência de dano, afinal esse tipo de tutela também deve ser utilizada para prevenir que os danos não ocorram.

Atualmente, o dano ambiental pode ter origem em um ato ilícito (ilegal ou ilegítimo) ou em um ato lícito, pois já houve doutrinador que sustentasse ser ressarcível somente o dano decorrente de ato ilícito. Uma vez que o dano pode decorrer de ato ilícito ou lícito, há autores que fazem distinção quanto à responsabilidade daquele que o ensejou. A professora Helita Barreira Custódio sustenta que apenas ao dano em geral por ato ilícito aplica-se a responsabilidade subjetiva, ou seja, aquela dependente de apuração da culpa ou dolo daquele que o tenha originado.[6] Como exemplo, a professora apresenta o fato

---

5 TRINDADE, Antônio Augusto Cançado. *Direitos humanos e meio ambiente*: paralelo dos sistemas de proteção internacional. Porto Alegre: Sergio Fabris, 1993.

6 CUSTÓDIO, Helita Barreira. *Direito Ambiental e questões jurídicas relevantes*. Campinas: Millennium, 2005.

danoso por poluição: se se tratar de dano por ação ou omissão voluntária, negligência, imprudência ou imperícia do agente público ou privado (ato ilícito), aplicar-se-á a responsabilidade subjetiva; no entanto, caso a responsabilização seja por uma ato lícito, a responsabilidade será objetiva. Tal diferenciação não é mais aceita, seja na doutrina, seja na jurisprudência ambiental.

É importante ressaltar que a responsabilidade subjetiva (ou aquiliana) funda-se na ocorrência de conflitos intersubjetivos, entre dois agentes, no qual é imprescindível a apuração da intenção daquele que causou o dano, de modo a concluir-se se agiu com dolo ou culpa, diferentemente do que ocorre com a proteção dos interesses difusos ou coletivos, em que o foco se centra na efetiva reparação do dano, sem que a subjetividade dos agentes seja ponto fundamental.

A lei que dispõe sobre a PNMA, n. 6.938/81, em seu art. 14 (parágrafo 1º), determina que:

> Sem obstar a aplicação das penalidades previstas neste artigo, é o poluidor obrigado, independentemente da existência de culpa, a indenizar ou reparar os danos causados ao meio ambiente e a terceiros, afetados por sua atividade. O Ministério Público da União e dos estados terá legitimidade para propor ação de responsabilidade civil e criminal por danos causados ao meio ambiente.

Portanto, tomando por base a PNMA, entendemos que caberá indenização ou reparação a danos ambientais sem que seja necessária a perquirição de culpa, o que caracteriza como objetiva a responsabilização ambiental civil e administrativa. Assim, para que o causador de dano ambiental seja condenado a repará-lo, não é necessário que sua culpa ou dolo sequer seja cogitada, podendo ser ele tanto um particular quanto o próprio Estado.

Capítulo 7

Tipos de responsabilidade e a participação do Poder Público

Passando especificamente à análise dos tipos de responsabilidades ambientais existentes no Brasil, cabe ressaltar que alguns doutrinadores entendem que, para a configuração dessas responsabilidades, não são necessárias a comprovação do dano ao meio ambiente e a existência de nexo de causalidade entre a ação e/ou a omissão do agente e o referido dano. Porém, essa não é a minha opinião.

Com efeito, em matéria de dano ambiental, analisa-se a atividade do agente, indagando-se se o dano foi causado em razão de sua ação ou omissão, para se concluir, então, se o risco oriundo dessa atividade é ou não suficiente para estabelecer o dever de reparar o prejuízo. Segundo esse sistema, só haverá exoneração de responsabilidade, quando:

a) o risco não tiver sido criado;

b) o dano não existir;

c) o dano não guardar relação de causalidade com a atividade da qual emergiu o risco.

Por outro lado, há doutrinadores que entendem a existência de dano ou ilícito ambiental já suficiente para assunção dos diferentes tipos de responsabilidade ambiental que analisaremos a seguir, tendo em vista ser a responsabilidade ambiental solidária e objetiva, ou seja, aquela que independe de culpa.

Nesse sentido, como vimos, a Constituição Federal, em seu art. 225 (parágrafo 3º), estabelece a responsabilidade por dano ambiental sob essas três modalidades, que são sancionadas de forma independente e podem ser cumulativas.

Amplamente divulgada e presente na Lei n. 6.938/81 (PNMA), a *responsabilidade civil ambiental é objetiva*, ou seja, existindo o nexo de causalidade entre o dano ambiental e a atividade da empresa, *independentemente da comprovação de culpa* (imprudência, imperícia ou negligência), fica esta responsável por repará-lo. Além de objetiva, *a responsabilidade civil ambiental é solidária*, tendo em vista que poderá ser acionada pela autoridade competente qualquer empresa envolvida direta ou indiretamente com a atividade lesiva.

Em relação à *responsabilidade criminal*, o mesmo artigo da Constituição Federal criminaliza as condutas danosas ao meio ambiente, de sorte que as pessoas físicas ou jurídicas podem sofrer sanções penais (multa, penas privativas de liberdade e restritivas de direitos), independentemente do dever de reparar civilmente os danos causados.

A *responsabilidade ambiental penal*, presente na Lei n. 9.605/98 (Lei de Crimes Ambientais), pode alcançar o diretor, o administrador, o membro do conselho e de órgão técnico, o auditor, o gerente, o preposto ou o mandatário de pessoa jurídica, que, tendo ciência da conduta criminosa de outrem, omitir-se em obstar a sua prática, na situação em que podia atuar para evitá-la (art. 1º).

Por fim, quanto à *responsabilidade ambiental administrativa*, o infrator pode ter as suas atividades suspensas, ser impedido de contratar com o Poder Público, além de sanções pecuniárias significativas, como a aplicação de multas pelos órgãos ambientais.

Ainda no que concerne ao tópico responsabilidade ambiental, cabe considerar que na hipótese de haver mais de um responsável causador do dano, há, como dito anteriormente, responsabilidade solidária dos sujeitos passivos poluidores, conforme preceitua o art. 942 do novo Código Civil. Dessa forma, provado o nexo de causalidade entre o dano ambiental e a ação e/ou omissão dos agentes X e Y, isto é, concorrendo os dois para o dano, fica a critério do Ministério Público, órgão ambiental, ou pessoas lesadas uma vez cientes do fato, acionar apenas um deles.

Acionado apenas um dos corresponsáveis para a reparação do dano ambiental, caberá a ele requerer a inclusão da outra parte no polo passivo (o que poderá ser recusado pelo juiz) ou o exercício de direito de regresso quanto à responsabilidade cabível à outra, em processo autônomo. Em outras palavras, à parte que pagar pela integralidade do dano caberá ação regressiva contra a outra corresponsável, pela via da responsabilização subjetiva, procedimento que permite discutir a parcela de responsabilidade de cada uma das partes.

Como já decidiu o Superior Tribunal de Justiça (STJ), em acórdão proferido pelo então ministro Antônio de Pádua Ribeiro,

> a ação civil pública pode ser proposta contra o causador direto, contra o indireto ou contra ambos. Há entre eles responsabilidade solidária, porquanto, em decorrência de lei, ambos são responsáveis pela mesma obrigação, ou seja, por toda a dívida. Incidem, no caso, os artigos 896 e 1518 do Código Civil, sendo este último claro, ao dispor: "Os bens do

responsável pela ofensa ou violação do direito de outrem ficam sujeitos à reparação do dano causado; e, se tiver mais de um autor a ofensa, todos responderão solidariamente pela reparação." Tratando-se de solidariedade passiva, a dívida comum pode ser exigida, por inteiro, de apenas um dos codevedores.[1]

Sabendo, então, que a responsabilidade ambiental ocorre sob essas três modalidades, passemos a análise mais específica de cada uma delas.

2. Responsabilidade administrativa

A responsabilidade administrativa é a resultante da infração a normas administrativas, o que leva o infrator a se sujeitar às sanções também administrativas, como advertência, multa, interdição de atividade, suspensão de benefícios, apreensão de bens, etc.

Como bem nos ensina Hely Lopes Meirelles, a responsabilidade administrativa está baseada na capacidade do Poder Público de impor condutas aos administrados, que no caso em questão se faz principalmente por intermédio do chamado poder de polícia, "que a administração pública exerce sobre todas as atividades e bens que afetam ou possam afetar a coletividade. Para esse policiamento há competências exclusivas e concorrentes das três esferas estatais".[2]

Esse mesmo autor nos oferece um claro conceito de poder de polícia: "É a faculdade de que dispõe a administração pública para condicionar e restringir o uso e o gozo de bens, atividades e direitos individuais, em benefício da coletividade ou do próprio Estado".[3]

Como pode ser verificado na prática, as entidades estatais ambientais dispõem ou deveriam dispor de poder de polícia, fiscalização referente à matéria ambiental que lhes compete.

---

1 STJ, 2º T. – REsp 37.354-9/SP – j. 30.08.95 – v.u. – Relator Min. Antônio de Pádua Ribeiro.
2 MEIRELLES, Hely Lopes. *Direito Administrativo brasileiro*. 21. ed. São Paulo: Malheiros, 1996.
3 Ibid.

Assim, como diria José Afonso da Silva,

> como cabe às três unidades proteger o meio ambiente, também lhes incumbe fazer valer as providências de sua alçada, condicionando e restringindo o uso e gozo de bens, atividades e direitos em benefício da qualidade de vida da coletividade, aplicando as sanções pertinentes nos casos de infringência às ordens legais da autoridade competente.[4]

Dessa forma, a responsabilidade administrativa resulta da ação ou da omissão violadora de regras jurídicas de uso e gozo, promoção, proteção e recuperação do meio ambiente, restando o infrator sujeito às correspondentes sanções.

Nesse sentido, tem grande relevância o princípio da legalidade, bem como todos os demais princípios da administração pública (moralidade, impessoalidade e publicidade), uma vez que se trata de interesses de toda a coletividade.

Obviamente, as sanções administrativas deverão estar claramente determinadas nas normas legais e seus regulamentos. O não cumprimento das medidas necessárias à preservação ou à correção dos inconvenientes e danos causados pela degradação da qualidade ambiental sujeitará os transgressores, de forma geral, a:

a) multa simples ou diária, agravada em caso de reincidência específica (isto é, prática de infração já sancionada por mais de uma vez), vedada sua cobrança pela União, se já tiver sido cobrada pelo estado, Distrito Federal, território ou pelos municípios;

b) perda ou restrição de incentivos e benefícios fiscais concedidos pelo Poder Público;

c) perda ou suspensão de participação em linhas de financiamento em estabelecimentos oficiais de crédito;

d) suspensão de sua atividade, entre outras.

Com a evolução das normas ambientais ocorridas desde 1981, hoje a principal determinação legal é o caso do Decreto Federal n. 6.514/08, que dispõe sobre as infrações e as sanções administrativas ao meio ambiente e estabelece o processo administrativo federal para apuração das infrações am-

---

[4] SILVA, José Afonso da. *Direito Ambiental Constitucional*. São Paulo: Malheiros, 1994.

bientais. Segundo seu art. 3º, as infrações administrativas são punidas com as sanções:

a) advertência;

b) multa simples;

c) multa diária;

d) apreensão dos animais, produtos e subprodutos da biodiversidade, inclusive fauna e flora, instrumentos, petrechos, equipamentos ou veículos de qualquer natureza utilizados na infração;

e) destruição ou inutilização do produto;

f) suspensão de venda e fabricação do produto;

g) embargo de obra ou atividade e suas respectivas áreas;

h) demolição de obra;

i) suspensão parcial ou total das atividades;

j) restritiva de direitos.

O art. 4º da mesma lei descreve que a aplicação das sanções administrativas deverá observar os critérios:

a) gravidade dos fatos, tendo em vista os motivos da infração e suas consequências para a saúde pública e para o meio ambiente;

b) antecedentes do infrator, quanto ao cumprimento da legislação de interesse ambiental;

c) situação econômica do infrator.

São inúmeras as hipóteses normativas, prevendo também a legislação estadual e a municipal sanções administrativas às infrações de suas normas.

Nesse sentido, em termos de Direito Comparado, vale citar a legislação francesa, país cujo Direito Administrativo talvez seja o mais avançado e abrangente. A França, assim como o Brasil, também adotou o sistema positivista, o que levou à criação de uma série de dispositivos normativos específicos.

Verificamos, ao analisar a obra de Michel Prieur, um dos paladinos do Direito Ambiental francês, que, em matéria administrativa, existem sanções administrativas eficazes, especialmente quando se trata de luta contra poluição, uma vez que esta é mais facilmente verificável, sendo possível o estabelecimento de padrões e sistema de controle, os quais podem ser por relatórios bienais/anuais, como no Brasil.

Nesse sentido, a eficácia do Direito Ambiental francês e europeu (com o surgimento de vários dispositivos legais da Comunidade Econômica Europeia,

CEE) se limita a fatos mensuráveis e, de certa forma, concretos e "previsíveis", sendo sua legislação bastante minuciosa e especificada:

> O Direito da Natureza (o regime da fauna e da flora, as madeiras e as florestas, a exploração da fauna, os lugares, as paisagens e os meios naturais), o Direito dos Recursos Naturais (a água, os recursos do subsolo, as energias renováveis, a prevenção dos riscos naturais), o Direito do Meio Ambiente Urbano, Rural e Cultural, o Direito das Poluições e Prejuízos.[5]

No Brasil, as condutas e atividades consideradas lesivas ao meio ambiente foram definidas de acordo com diferentes graus de impactos, uma vez que há o estabelecimento de padrões de qualidade que permite aferir melhor, em caso de dano, as reais consequências para a saúde pública e meio ambiente e, consequentemente, a penalidade administrativa e correta aplicação do critério de avaliação da gravidade dos fatos.

Mesmo com tal diferença, considera-se que o sistema brasileiro foi idealizado de forma bastante semelhante ao francês, observando-se sempre o princípio da legalidade. Nesse sentido, vale citar José Celso de Mello Filho: "Apenas a lei em sentido formal pode impor às pessoas um dever de prestação ou de abstenção. Normas infralegais, ainda que veiculadoras de regras gerais impessoais e abstratas, não atendem à exigência constitucional".[6]

Assim, ao deparar com a imposição de uma sanção administrativa, deve-se verificar se ela tem fundamento na lei, seja esta federal, estadual ou municipal.

Como vimos, a responsabilidade administrativa está intimamente ligada ao exercício do poder de polícia do Estado, que, em matéria ambiental, pode ser entendido como

> a atividade da administração pública que limita ou disciplina direito, interesse ou liberdade, regula a prática de ato ou a abstenção de fato em razão de interesse público concernente à saúde da população, à conservação dos ecossistemas, à disciplina da produção e do mercado, ao exercício de atividades econômicas ou de outras atividades dependentes

---

5   PRIEUR, Michel. *Droit de l'environnement*. Paris: Dalloz, 1984. (Tradução da autora.)

6   MELLO FILHO, José Celso de. *Constituição Federal anotada*. 2 ed. São Paulo: Saraiva, 1986.

de concessão, autorização, permissão ou licença do Poder Público de cujas atividades possam decorrer poluição ou agressão à natureza.[7]

A aplicação das sanções administrativas requer a instauração de um processo administrativo punitivo, que deverá observar os princípios do contraditório e da ampla defesa, sob pena de nulidade da punição imposta, conforme determina a Constituição Federal de 1988 (art. 5º, inc. LV).

O processo é instaurado

> com fundamento no auto de infração, representação ou peça informativa equivalente, onde se indique o infrator, o fato constitutivo da infração e local, hora e data de sua ocorrência, a disposição legal ou regulamentar em que se fundamenta a atuação, a penalidade a ser aplicada e, quando for o caso, o prazo para a correção da irregularidade e a assinatura da autoridade que lavrou o auto de infração ou peça equivalente ou do autor da representação.[8]

Uma vez instaurado o processo, passamos à fase da instrução para esclarecimento dos fatos e da produção de provas da acusação e da defesa. Aqui abre-se vista dos autos do processo para a defesa administrativa.

Em seguida, ao encerrar o processo, a autoridade processante elabora um relatório que aprecia as provas, discute o direito e apresenta proposta de condenação ou absolvição.

Os autos são então enviados para julgamento pela autoridade competente, que pode ou não concordar com o relatório. Em caso de aplicação de pena, sempre caberá recurso para a autoridade administrativa superior àquela que a impôs.

Percebe-se que todo o decorrer do processo e atos a ele referentes se faz administrativamente, independentemente do Poder Judiciário.

Em 1998, com a Lei de Crimes Ambientais (Lei n. 9.605/98) e seu decreto regulamentador, o *processo administrativo* sofreu importantes modificações. Como já citado, de acordo essa lei há dois tipos de sanções:

---

7   MACHADO, Paulo Affonso Leme. *Direito Ambiental brasileiro*. 4. ed. São Paulo: Malheiros, 1992.

8   SILVA, op. cit.

a) *Sanção administrativa*: as infrações administrativas são punidas com as seguintes sanções, observado o disposto no art. 6º da citada lei: multa simples; advertência, multa diária; apreensão de animais, produtos e subprodutos da fauna e flora, instrumentos e petrechos, equipamentos ou veículos de qualquer natureza usados na infração; destruição ou inutilização do produto; suspensão de venda e fabricação do produto; embargo de obra ou atividade; demolição de obra; suspensão parcial ou total das atividades; intervenção em estabelecimento; restritivas de direitos.

b) *Sanção restritiva de direitos*: o art. 72 (parágrafo 8º) arrola as seguintes sanções restritivas de direitos: suspensão ou cancelamento de registro, licença ou autorização; perda ou restrição de incentivos ou benefícios fiscais; perda ou suspensão da participação em linhas de financiamento em estabelecimentos oficiais de crédito; proibição de contratar com a administração pública, pelo período de três anos.

A mesma lei (art. 70, parágrafo 1º) determina como autoridades competentes os funcionários de órgãos ambientais integrantes do Sisnama designados para atividades de fiscalização e os agentes das Capitanias dos Portos, do Ministério da Marinha.

Instaurado o processo administrativo, o procedimento obedecerá às normas estabelecidas na legislação federal, estadual e municipal, no âmbito das respectivas competências. O infrator será citado para apresentar defesa no prazo legal, a contar da data da ciência da autuação.

Importante artigo da Lei de Crimes Ambientais (art. 71) define ainda que, apresentada ou não a defesa, a autoridade competente tem o prazo de trinta dias para julgar o auto de infração, contados da data da sua lavratura – o que não ocorre na prática. Ainda, se julgado procedente, o infrator terá novo prazo, contado a partir da intimação, para recorrer à instância superior do Sisnama ou à Diretoria de Portos e Costas, do Ministério da Marinha, de acordo com o tipo de autuação. No caso de multa, indeferido o recurso, o prazo para efetuar o pagamento será de cinco dias.

Vale esclarecer que a regulamentação do processo administrativo federal para a apuração de infrações administrativas por condutas e atividades lesivas ao meio ambiente está descrita e detalhada nos artigos 94 e seguintes do Decreto Federal n. 6.514/08.

3. Responsabilidade penal

> A previsão de crimes especificamente ecológicos, esteja ela compreendida no Código Penal ou expressa em leis especiais é, de qualquer modo, a única forma para assegurar aos valores ambientais aquela proteção "imediata" de que necessitam no momento atual.[9]

Eis aí expressa a essência do que poderia explicar as mudanças ocorridas no Brasil em relação ao Direito Ambiental após Lei de Crimes Ambientais.

Entre as normas penais mais amadurecidas, há regras referentes ao bem jurídico que integra a categoria de "segurança da conservação" do ambiente natural. Isso tem grande importância do ponto de vista sistemático, e alguns doutrinadores, para facilitar sua atuação, dividem a matéria segundo dois ramos de lesão ambiental – perigo e dano –[10], entendendo que o legislador adote a versão *perigo*, por sua tipificação legal ser bem mais simples. Nesse caso, a lei transfere o momento consumativo do crime da lesão para a ameaça, aperfeiçoando-se o crime no instante em que o bem tutelado se encontra numa condição objetiva de possível ou provável lesão.

No caso do crime de dano ecológico, a tutela considera apenas o momento em que se verificam os efeitos, e o dano constitui-se numa alteração anterior, por determinado sujeito. Sua tipificação, portanto, se faz bem mais complexa, não evitando muitos efeitos irremediáveis do ato praticado.

Nesse sentido, a tendência atual é antecipar a proteção ao ambiente natural, do momento do dano ao momento de exercício de atividade perigosa aos bens ecológicos. "Afastam-se os crimes ecológicos, consequentemente, sempre mais da lesão efetiva do bem jurídico, para construírem uma linha avançada de defesa contra a poluição".[11]

Dessa forma, em vista das dificuldades de delimitar o âmbito e a intensidade da tutela penal, sugere a doutrina que a proteção ao meio ambiente seja confiada primeiro às autoridades administrativas a quem cabe regulamentar

---

9   COSTA JR., Paulo José da; GREGORI, Giorgio. *Direito Penal Ecológico*. São Paulo: Cetesb, 1981.

10 MUKAI, Toshio. *Direito Ambiental sistematizado*. 2. ed. Rio de Janeiro: Forense Universitária, 1994.

11 Ibid.

os fatores poluentes, conceder autorizações para o exercício de atividades perigosas, impor limitações, cautelas, proibições etc.

O Direito Penal teria, então, "função secundária" de punir a violação de prescrições administrativas, o que leva ao surgimento das chamadas "normas penais em branco", de grande aceitação pela doutrina e que vem sendo largamente aplicada na Europa.

O grande penalista Paulo José da Costa Jr., diz que

> o tipo penal que tutela a ecologia, não poderá conter enumeração taxativa da conduta delituosa [e,] em favor da certeza do direito, preferível seria que o tipo penal [ecológico] fosse acromático, incolor, desprovido de elementos valorativos. No campo do Direito Penal Ecológico, entretanto, tal se faz inviável. O elemento valorativo muitas vezes se contém no tipo. Veja-se, à guisa de exemplo, o caso da desfiguração ou alteração das belezas naturais, conceito eminentemente subjetivo.[12]

Outros autores entendem ser perfeitamente possível, em muitas situações, estabelecer padrões e limites quantitativos e qualitativos, que, com o auxílio de normas técnicas adotadas em outros ramos da ciência, tornem viável a construção de normas penais protetoras do meio ambiente.[13]

Nesse sentido é o entendimento de Paulo Affonso Leme Machado, para quem a Constituição Federal deu enorme passo para a punição da ofensa ao ambiente, determinando que mesmo o autor de uma conduta ou atividade autorizada pelo Poder Público, desde que lesiva, poderá ser responsabilizado,[14] salientando-se que poderá ser incriminada não qualquer lesão, mas aquela que desequilibre o meio ambiente, bem comum do povo,[15] e, na visão de muitos doutrinadores, que cause danos efetivos, que devem ser adequadamente apurados durante os processos de investigação.

Dada a evolução de todo o contexto do Direito Ambiental, a separação entre as responsabilidades tem-se mostrado cada vez mais tênue, verificando-se na prática que uma é consequência da outra.

---

12 COSTA JR.; GREGORI, op. cit.
13 SAMPAIO, Francisco José Marques. O dano ambiental e a responsabilidade. *Revista Forense*, Rio de Janeiro: Forense, v. 317, 1992.
14 MACHADO, op. cit.
15 Constituição Federal, art. 225, *caput*.

A Lei de Crimes Ambientais (Lei n. 9.605/98) que disciplina as sanções penais e administrativas derivadas de condutas e atividades lesivas ao meio ambiente, dispõe, em seu art. 2º:

> Quem, de qualquer forma, concorre para a prática dos crimes previstos nesta lei, incide nas penas a estes cominadas, na medida da sua culpabilidade, bem como o diretor, o administrador, o membro do conselho e de órgão técnico, o auditor, o gerente, o preposto ou mandatário de pessoa jurídica, que sabendo da conduta criminosa de outrem, deixar de impedir a sua prática, quando podia agir para evitá-la.

Os tipos de sanções mencionadas na citada lei são:

a) *Multa*: na esfera criminal, a aplicação da multa é calculada segundo critérios adotados no Código Penal (art. 18), levando-se em conta a situação econômica do infrator (art. 6º, inc. III).

b) *Penas privativas de liberdade*: serão aplicadas tendo em vista o grau de culpabilidade do infrator (art. 6º, incs. I e II). Quando se tratar de crime culposo, a pena cominada for de prazo inferior a quatro anos e a culpabilidade, os antecedentes, a conduta social e a personalidade do condenado, bem como os motivos e as circunstâncias do crime, indicarem que a substituição seja suficiente para o efeito de reprovação do crime, a pena privativa de liberdade poderá ser substituída pela restritiva de direitos, que terá a duração da primeira (art. 7º, incs. I e II, parágrafo único).

c) *Penas restritivas de direitos*: as especificadas (art. 8º são prestação de serviços à comunidade; interdição temporária de direitos; suspensão parcial ou total de atividades; prestação pecuniária; recolhimento domiciliar.

A mesma lei determina que se apliquem subsidiariamente as disposições do Código Penal e do Código de Processo Penal (art. 79) e relaciona os seguintes crimes específicos (em espécie) contra o meio ambiente (Capítulo V):

a) crimes contra a fauna (artigos 29 a 37);
b) crimes contra a flora (artigos 38 a 53);
c) poluição e outros crimes ambientais (artigos 54 a 61);
d) crimes contra o ordenamento urbano e o patrimônio cultural (artigos 62 a 65);
e) crimes contra a administração ambiental (artigos 66 a 69);

Como se vê, atualmente a intervenção penal do âmbito da proteção ao ambiente não é mais objeto de questionamento. Pelo contrário, têm enorme importância e valia seus efeitos benéficos para estado social de direito diante da indiscutível relevância desses bens jurídicos de natureza transindividual.

4. Responsabilidade civil

Em vista da acentuada degradação ambiental em que vivemos, podemos verificar, em diversas áreas do conhecimento humano, esforços no sentido de desenvolver novos métodos de compatibilizar as necessidades e atividades humanas com a manutenção do equilíbrio ecológico, a conservação da natureza e a preservação da saúde das populações. O Direito, como ciência normativa e reguladora das relações sociais, desempenha importante papel nessa verdadeira batalha pela *sobrevivência* humana.

A responsabilidade civil é a que visa à reconstituição da situação danosa existente, objetivando a busca de sua recuperação ou a recomposição do estado anterior ao dano.

Dessa forma, no campo do Direito Ambiental, sua importância sobressai, pois é manifesto que tanto melhores serão as condições do meio ambiente – que a todos preocupam – quanto mais eficazes forem os mecanismos usados para evitar que os danos ocorram e promover a recuperação sempre que sua integridade for lesada.

Acreditamos, portanto, que

> no quadro das modalidades existentes de responsabilidade e das finalidades que estas supostamente pretendem atingir, quais sejam, a de punir o causador do dano, a de reparar o dano e a de evitar que novos danos venham a acorrer, a responsabilidade civil possa ser o mais eficaz e completo instrumento de atuação para enfrentamento do complexo problema do dano ecológico.[16]

As demais modalidades, responsabilidades penal e administrativa, apesar de também serem capazes de abarcar as três finalidades mencionadas, não o fazem com tanta força como a responsabilidade civil.

---

16 SAMPAIO, op. cit.

Se a responsabilidade penal serve para punir o causador do dano e, outrossim, para desestimular novas condutas lesivas do próprio agente ou de terceiros, é inquestionável que ela não se presta à reposição das coisas ao estado em que se encontravam antes da ocorrência do dano.

O mesmo pode ser dito em relação à responsabilidade administrativa, da qual resultam as sanções da mesma natureza, cuja finalidade é a de servir como instrumento de realização da atividade estatal de exercício do poder de polícia, nos limites e conteúdo que lhe são atribuídos pela doutrina e pelo Direito positivo, como previsto no artigo 78 do Código Tributário Nacional.[17]

E isso, mesmo que sejam administrativamente estabelecidos os padrões através dos quais podemos considerar e verificar o meio ambiente equilibrado ou não.

As soluções criadas pelo Direito, constantemente superadas, sempre exigiram renovação permanente. A princípio, a reparação do dano ecológico se resumia em conflito de vizinhança e ficava na modesta designação de responsabilidade civil por mau uso da propriedade. O prejuízo reparável seria aquele que excedesse os incômodos normais da vizinhança, tratar-se-ia de excesso de ruídos, odores, realização de obras sem licenças obrigatórias ou em desacordo com os critérios de controle nelas estabelecidos.

No entanto, a peculiaridade do dano ecológico não se esgota em simples distinção de grau ou quantidade em relação às fontes tradicionais de incômodos. Não há mais, em verdade, um confronto entre interesse público e interesses privados, mas de conflitos de dois interesses de ordem pública. Assim, o dano ecológico deve ser apreciado em termos de anormalidade e gravidade, devendo o legislador e o administrador estabelecer o equilíbrio.

A anormalidade consiste em tudo o que excede a medida comum ou a gravidade dos efeitos e repercussões das atividades lesivas. Sugere ainda a ideia da continuidade e periodicidade do dano. Destarte, o dano ecológico encontra sua primeira base de reparação nos sistemas ordinários da responsabilidade civil: a doutrina da culpa funciona sempre que se verifica um procedimento prejudicial que poderia ser evitado, mediante providências cautelares ao alcance do interessado, de acordo com as conquistas atuais da ciência.

---

17   SAMPAIO, op. cit.

Contudo, a meu ver, não há responsabilidade civil sem relação de causalidade entre o dano e a atividade do sujeito passivo da obrigação de reparar, o que não impede a existência de uma multiplicidade de causas. Dessa forma não há dificuldade de indicar os responsáveis, o que não é o caso quando se deve escolher entre as causas para ligar uma só ao dano.

Causa não se confunde com culpabilidade, sendo esta, sem revestir aquele caráter, irrelevante para imposição da obrigação de reparar. Assim, só é causa aquele fato a que o dano se liga com força de necessariedade. Serão também os vários fatos, simultâneos ou sucessivos, se cada um produziu um resultado a ele ligado sem contribuição de outros.

No caso do dano ecológico, não é difícil demonstrar o nexo causal, porque raramente o efeito danoso surge sem coincidência com a atividade a que se atribui. A coincidência não é suficiente para estabelecer a relação de causalidade, mas se estabelece a responsabilidade pelo critério de risco, incumbindo ao sujeito passivo (da obrigação de reparar) a prova da redução da coincidência.

A responsabilidade civil genérica fundamenta-se no Código Civil que descreve: "aquele que, por ação ou omissão voluntária, negligência ou imprudência, violar direito, ou causar prejuízo a outrem, fica obrigado a reparar o dano". No entanto, o simples nexo de causalidade é bastante para determinar a mesma consequência.

A indenização, em suma, não está ligada à culpa, mas à simples comprovação da causa e efeito.

Nesse sentido é bastante elucidativo o entendimento de Maria Helena Diniz: "O Direito pune a devastação ecológica, pelas graves e sérias lesões às pessoas, às coisas ou ao meio ambiente, estabelecendo ora a responsabilidade subjetiva, ora a objetiva, sendo esta mais frequente".[18]

Do dispositivo citado é possível extrair os elementos imprescindíveis para que a responsabilização civil ambiental ocorra:

a) a existência de uma conduta antijurídica, caracterizada pelo procedimento culposo do agente, seja por ação ou omissão;

b) a ocorrência de um dano efetivo, de qualquer natureza, patrimonial ou não;

---

18 DINIZ, Maria Helena. *Curso de Direito Civil*: responsabilidade civil. São Paulo: Saraiva, 1993. v. 7.

c) a verificação do nexo de causalidade entre a conduta do agente e o dano causado.

Da ocorrência concomitante desses três fatores gerar-se-ia o dever de indenizar e/ou recompor o dano causado.

Conforme determinado na Constituição Federal, as pessoas jurídicas de direito público e as de direito privado prestadoras de serviços públicos têm responsabilidade objetiva pelos danos que seus agentes causarem a terceiros, sendo-lhes assegurado o direito de regresso contra o responsável nos casos de dolo ou culpa.

Os textos legais visam não só à reparação patrimonial, mas também à efetiva recuperação física do meio ambiente atingido. Como bem demonstra José Afonso da Silva, "responsabilidade civil é a que impõe ao infrator a obrigação de ressarcir o prejuízo causado por sua conduta ou atividade".[19]

Na área ambiental, essa responsabilidade pode ser contratual, por fundamentar-se num contrato, ou extracontratual, por decorrer de exigência legal (responsabilidade legal), de ato ilícito (responsabilidade por ato ilícito) ou até mesmo de ato lícito (responsabilidade por risco).

O fundamento jurídico dessa responsabilidade é o art. 225 (parágrafo 3º) da Constituição Federal, pois como vimos "todas as condutas e atividades consideradas lesivas ao meio ambiente sujeitarão os infratores, pessoas físicas ou jurídicas, a sanções penais e administrativas, independentemente da obrigação de reparar o dano causado".

Acrescente-se a isso o art. 14 (parágrafo 1º) da Lei n. 6.938/81: "sem prejuízo das penas administrativas previstas nos incisos do artigo, o poluidor é obrigado, independentemente de culpa, a indenizar ou reparar os danos causados ao meio ambiente e a terceiro, afetados por sua atividade".

Estabelecer responsabilidade civil objetiva em matéria ambiental, como o referido artigo da Constituição Federal, vem sendo uma tendência também em Direito Comparado. É muito nítida, por exemplo, no Direito francês, a evolução para a responsabilidade objetiva, acompanhada de uma diminuição do ônus da prova da exigência do nexo de causalidade entre o prejuízo sofrido e a atividade danosa ao meio ambiente.[20]

---

19   SILVA, op. cit.

20   DESPAX, Michel. *Droit de l'environnement*. Paris: Librairie Techniques, 1980. (Tradução da autora.)

Observa-se que o estabelecimento do liame de causalidade, no Direito Ambiental, muitas vezes é uma das grandes dificuldades, pois a relação entre o responsável e a vítima (a coletividade) muitas vezes não é direta e imediatamente verificada. Em outros casos isso não ocorre, sendo até visualmente verificado o dano e sua enorme extensão.

Além disso, os efeitos da poluição geralmente são difusos, procedendo muitas vezes de reações múltiplas, de muitas fontes. Logo, se a prova é ônus da vítima, esta se encontra numa situação extremamente desfavorável.[21]

Ora, sabemos que o sistema jurídico está fundado no princípio da legalidade, o que implica que multas, penalidades e sanções só possam ser aplicadas em estrita observância da legislação.

Não há nada de negativo nesse fato. Pelo contrário, o que há é uma garantia constitucional de que as penalidades sejam corretamente aplicadas pelos órgãos responsáveis, e não impostas arbitrariamente. Eis um fator importante que precisa ser mais desenvolvido sob pena de não lograrmos dar execução à legislação ambiental que visa à proteção e à conservação sustentável.

A noção de responsabilidade objetiva, no Brasil, começa por ter tratamento constitucional relativamente à responsabilidade extracontratual da administração pública, deixando-se de cogitar na culpa como fator crucial para a geração do dever de indenizar e limitando-se à aferição de causa e efeito entre o ato/atividade exercida e o dano causado.

A PNMA já havia determinado que a responsabilidade fosse fundada no risco (responsabilidade objetiva), sendo que, do ponto de vista processual, deve ser provada a relação de causa e efeito entre uma determinada situação e o dano que desta tenha sido originado.

Vale lembrar que, na legislação brasileira, a modalidade denominada responsabilidade objetiva (em contraposição à subjetiva, como é a penal, que depende sempre da demonstração da culpa do autor do dano) apareceu pela primeira vez no Decreto n. 79.437/77, que promulgou a convenção internacional sobre responsabilidade civil em danos causados por poluição por óleo, de 1969. Posteriormente, a Lei n. 6.453/77, em seu art. 4º, determinou a responsabilidade objetiva relativa aos danos provenientes de atividade nuclear.

---

21   Ibid.

Essas medidas foram reflexo da Conferência das Nações Unidas sobre o Meio Ambiente ocorrida em 1972, em Estocolmo, cujos signatários resolveram que "a proteção e melhoria do meio ambiente humano constituem desejo premente dos povos do globo e dever de todos os governos".

Essas disposições se somaram e reforçaram nas convenções internacionais, o firme propósito

> de garantir uma indenização adequada às pessoas que venham a sofrer danos causados por poluição e de adotar regras e procedimentos uniformes num plano internacional para definir as questões de responsabilidade e garantir, em tais ocasiões, uma reparação equitativa.[22]

Há diferentes entendimentos na doutrina sobre a modalidade de risco adotada na responsabilização ambiental. Alguns entendem que a modalidade do "risco criado", que admite as excludentes da culpa da vítima, da força maior e do caso fortuito, seria a correta a ser aplicada ao assunto; outros entendem que se trata da modalidade "risco integral", que não admite excludentes, o que se verifica nos termos exatos no art. 14 da Lei n. 6.938/81.

Aqui vale citar o entendimento de Sérgio Ferraz,[23] que descreve e indica as cinco consequências da adoção da responsabilidade objetiva em matéria de Direito Ambiental:

a) a irrelevância da ação danosa (basta um simples prejuízo);

b) a irrelevância da mensuração do subjetivismo (o importante é que, no nexo de causalidade, alguém tenha participado e, tendo participado, de alguma sorte, deve ser apanhado nas tramas da responsabilidade objetiva);

c) inversão do ônus da prova;

d) irrelevância da licitude da atividade;

e) atenuação do relevo do nexo causal (basta que, potencialmente, a atividade do agente possa acarretar prejuízo ecológico para que se inverta de imediato o ônus da prova, produzindo-se a presunção da responsabilidade,

---

22 Convenção Internacional sobre Responsabilidade Civil em Danos Causados por Poluição por Óleo, Bruxelas, 28 de novembro de 1969.

23 FERRAZ, Sérgio. Responsabilidade civil pelo dano ecológico. *Revista da Consultoria Geral do Estado do Rio Grande do Sul*, Porto Alegre: PGE-RS, v. 8, n. 22, 1978.

reservando dessa forma, para o eventual acionado, o ônus de procurar excluir sua imputação.

Mesmo que, na doutrina, diferentes sejam os entendimentos sobre a modalidade de risco adotada na responsabilização civil ambiental, fato notório é sua evolução como medida efetiva, seja para a reparação, seja para a prevenção do dano.

5. Responsabilidade civil do Estado por ato ou omissão da administração

De enorme importância também foi a recente definição legal em matéria ambiental explícita do Poder Público responder solidariamente com o particular, quando o evento danoso puder ser atribuído à omissão do agente público.

Assim, a responsabilidade solidária da administração pode ser verificada através de fatos que comprovem que ela teve conhecimento de iminente dano e não tomou providências. Nesse caso, é a inércia que ocasionará a responsabilidade.[24]

Diante desse conceito amplo, vale analisar o entendimento de Armando Cabral explicando que

> a propriedade privada não se tornou algo intocável; desde que seu uso se desencontre de sua função social, vale dizer do interesse público concernente à segurança, à higiene, à ordem, aos costumes, à disciplina da produção e do mercado, à tranquilidade pública, ao respeito às demais propriedades, à estética urbana e aos direitos individuais ou coletivos, seja ou não por matéria ou energia poluente, o Poder Público tem o dever de limitá-la administrativamente. Não o fazendo, a administração se torna civilmente responsável por eventuais danos sofridos por terceiros em virtude de sua ação (permitindo o exercício de atividade poluente, em desacordo com a legislação vigorante) ou de sua omissão (negligenciando o policiamento dessas atividades poluentes).[25]

---

24 Constituição Federal, art. 37, parágrafo 6º.
25 CABRAL, Armando Dias. Proteção ambiental. *Revista de Direito Público*, São Paulo: Revista dos Tribunais, n. 47-48, p. 84, 1978.

Há contudo, casos em que a administração não responde pelos danos ocorridos: danos ocorridos por culpa da vítima, por motivo de força maior, bem como as situações em que o predador causar danos ao meio ambiente clandestinamente, sem culpa grave (por omissão) do Poder Público. Seria "iníquo que o Estado, ou seja, a comunidade respondesse pela composição de um dano para o qual a vítima concorreu com culpa".[26]

Entretanto, alguns doutrinadores entendem que, com relação ao caso fortuito, a administração também será responsável, por ser ele inerente ao chamado "risco de serviço".

Portanto, quando são vários os infratores que concorrem para o dano, todos respondem solidariamente pela sua reparação, podendo ser responsabilizados também na esfera administrativa e na penal, inclusive.

Além disso, poderá ser desconsiderada a personalidade jurídica sempre que tal fator seja obstáculo ao ressarcimento de prejuízos causados à qualidade do meio ambiente. O juiz poderá aplicar, nesses casos, as sanções cabíveis contra seus administradores (Lei n. 9.605/98, artigos 2º e 4º), buscando sempre o ressarcimento do dano.

Assim, conforme Celso Antônio Bandeira de Mello:

> os acontecimentos suscetíveis de acarretar responsabilidade estatal por omissão ou atuação insuficiente da administração são os seguintes: (i) fato de natureza, cuja lesividade o Poder Público não obstou, embora devesse fazê-lo. Serviria de exemplo o alagamento de casas ou de depósitos, por força de águas pluviais que não escoaram por omissão do Poder Público em limpar os bueiros e galerias que lhes teriam dado vazão; e (ii) comportamento material de terceiros, cuja atuação lesiva não [foi] impedida pelo Poder Público, embora pudesse e devesse sê-lo. Cite-se, por exemplo, o assalto processado diante de agentes policiais inertes e desidiosos.[27]

Por fim, verificamos que esse tipo de responsabilidade, prevista no texto constitucional vigente (art. 225, parágrafo 3º), está reafirmada na Lei

---

26 MOREIRA NETO, Diogo de Figueiredo. Política agrícola e fundiária e ecologia. *Revista Forense*, Rio de Janeiro: Forense, n. 317, p. 77, 1992.

27 MELLO, Celso Antônio Bandeira de. *Curso de Direito Administrativo*. 8. ed. São Paulo: Malheiros, 1996.

nº 9.605/98, infraconstitucional, em seus artigos 3º e 4º, bem como diversas são as jurisprudências atuais que confirmam esse entendimento:

> **Art. 3º** – As pessoas jurídicas serão responsabilizadas administrativamente, civil e penalmente conforme o disposto nesta Lei [9.605/98], nos casos em que a infração seja cometida por decisão de seu representante legal ou contratual, ou de seu órgão colegiado, no interesse ou benefício da sua entidade.
>
> **Parágrafo único.** A responsabilidade das pessoas jurídicas não exclui a das pessoas físicas, autoras, coautoras ou partícipes do mesmo fato.

Em termos práticos, tais fatos auxiliaram, e muito, no crescimento das entidades do Sisnama, na melhoria e no aprimoramento das normas técnicas e padrões, ante o risco de sua corresponsabilização.

Considerações finais

1. Do global ao local

> Exatamente no momento da despedida de ideologias coletivas, tomamos conhecimento de um coletivo vivo, navegando pelo espaço na mesma nave, respirando o mesmo ar, dependente da camada de ozônio, e em geral dependente de um meio ambiente intacto. O coletivo ganhou um nome moderno, autodenomina-se hoje sociedade global, e se autopercebe como uma novidade. Porém somente as velhas questões mudaram as roupas e a humanidade universal confronta-se de novo, somente de forma mais radical, com sua própria existência e os problemas com ela ligados, entre eles: a questão da própria sobrevivência.[1]

É inegável que a humanidade convergiu para a chamada globalização.

O Direito Ambiental deve ser entendido, nesse contexto, como forma de organização social, política e econômica desta *sociedade global*, embora muitos tenham questionado a sua importância, segundo a concepção da auto-organização do sistema capitalista como única base nas *normas de mercado*.

Essa avassaladora lógica do capitalismo, baseada em uma sociedade individualista industrial, no entanto, já demonstrou efeitos maléficos. E isso fez que o nosso ordenamento jurídico, em constante evolução, formulasse diversos mecanismos e instrumentos tão fundamentais como o respeito aos direitos humanos e ao meio ambiente, que em essência dizem respeito à dignidade da pessoa humana.

Esses efeitos se fazem presentes diretamente no campo da proteção internacional dos direitos humanos e do meio ambiente, que como vimos são normas bastante recentes, sobretudo se analisadas de forma conjunta, ou seja, se analisados seus vínculos e pontos de confluência.

Neste mundo cada vez mais *globalizado* os efeitos da degradação ambiental locais também são globais. Por isso a questão ambiental é mundial e se refere a direitos a serem garantidos às futuras gerações.

Faz-se fundamental estabelecer os vínculos existentes entre a proteção e a garantia de um meio ambiente sadio e equilibrado e a proteção dos direi-

---

1 BRÜSEKE, Franz Josef. *A lógica da decadência*: desestruturação socioeconômica, o problema da anomia e o desenvolvimento sustentável. Belém: Cejup, 1996. v. 1.

tos humanos, sobretudo no que diz respeito à garantia dos direitos econômicos, sociais e culturais e, como vimos, no Brasil esse dever cabe a todos.

Muitas são as questões envolvidas nessa reflexão. "Por não ser a humanidade uma abstração social ou jurídica e por ser formada por uma infinidade de seres humanos vivendo em sociedade e projetando-se no tempo",[2] o interesse comum da humanidade, uma vez reconhecido e aceito, gerou direitos e obrigações multilaterais que objetivam a manutenção do meio ambiente sadio em todas as suas formas (individual, grupal, social, coletiva e difusa), bem como a efetivação dos direitos econômicos, sociais e culturais.

Em suma, o tema em questão é, a meu ver, extenso e apaixonante, pois trata da compreensão e do estudo do desenvolvimento sustentável, do conceito de solidariedade e cidadania global.[3]

Do ponto de vista jurídico, partimos do pressuposto de que o Direito não é uma ciência estática e imutável, uma vez que os conceitos que embasam a ordem jurídica estão em constante transformação, até porque, como se tem observado, a hegemonia do modelo de desenvolvimento capitalista tem gerado benefícios que ficam confinados a uma pequena minoria da população mundial. Na área ambiental, para que a proteção ao meio ambiente efetivamente ocorresse, essa dinâmica foi alterada, e para isso colaborou a criação de uma nova ordem jurídica.

A questão ambiental é, por natureza, multidisciplinar, ou seja, não deve ser analisada de um único tópico, aspecto ou conceito.

Tive a oportunidade de acompanhar o crescimento contínuo da organização da estrutura política administrativa ambiental brasileira e a evolução das normas de proteção e controle.

A efetiva aplicação dos mecanismos jurídicos existentes para a proteção ambiental não é mais ideal de alguns e sim direito de todos.

Nesse contexto, o objetivo principal deste trabalho é divulgar informação e compartilhar alguns pensamentos, que para alguns podem parecer

---

2   TRINDADE, Antônio Augusto Cançado. *Direitos humanos e meio ambiente*: paralelo dos sistemas de proteção internacional. Porto Alegre: Sergio Fabris, 1993.

3   KISS, Alexandre; TRINDADE, Antônio Augusto Cançado. Two major challenges of our time: human rights and the environment. In: DERECHOS HUMANOS, DESARROLLO SUSTENTABLE Y MEDIO AMBIENTE, Brasília, 1992. TRINDADE, Antônio Augusto Cançado (Ed.). *Derechos humanos, desarrollo sustentable y medio ambiente*. 2. ed. San José/Brasília: IIDH/BID, 1995. (Tradução da autora.)

óbvios, mas para tantos outros ainda são desconhecidos, posto que, mesmo tendo transcorrido mais de vinte anos da promulgação da Política Nacional do Meio Ambiente de 1981, o assunto pode ser considerado recente, ainda mais se comparado as demais áreas do Direito.

No entanto, com o decorrer da pesquisa e o inevitável envolvimento com o tema, observo aspectos bastante importantes que devem ser salientados, sobretudo em caráter de conclusão. É preciso deixar bastante claro que os temas aqui expostos poderiam ser estudados de forma muito mais aprofundada – no entanto, esse não foi objetivo aqui.

Em relação à realidade e ordenamento jurídico brasileiro, há de se salientar, em primeiro lugar, o grande avanço possibilitado pela Constituição Federal de 1988, que efetivamente trouxe a problemática da preservação ambiental para o cerne do ordenamento jurídico brasileiro, sobretudo a partir de seu inovador art. 225, tão citado neste trabalho, que estabeleceu as três principais concepções em matéria de direito ambiental: *o direito ao meio ambiente ecologicamente equilibrado como direito de todos; a natureza jurídica dos bens ambientais como de uso comum do povo e essencial à sadia qualidade de vida; e o dever de defender e preservar os bens ambientais, para as presentes e futuras gerações, imposto tanto ao Poder Público, como à coletividade.*

Como vimos, não só existe o direito ao meio ambiente ecologicamente equilibrado, como todos são titulares desse direito.

Inegável também é a vinculação entre o direito ao meio ambiente equilibrado e o direito à vida, assim como o dever, tanto por parte do Estado como da sociedade civil, de defender e preservar os bens ambientais.

Daí demonstra-se claramente a necessidade e a importância da eficácia da aplicação dos inovadores dispositivos normativos aqui estudados e que estão em constante crescimento.

Ora, não há dúvida de que do ponto de vista de direito material, as presentes e futuras gerações, na qualidade de destinatárias do direito à vida, gozam de ampla proteção, o que não é mais objeto de questionamento.

Atualmente, pode-se afirmar, mais do que em qualquer outra época, que há na legislação o instrumental necessário para que se promova eficientemente a proteção ambiental.

Como pudemos verificar, na ordem federativa, o ente municipal passou a ocupar papel de enorme importância na proteção ao meio ambiente local, com os demais órgãos federais e estaduais.

A municipalidade representa a esfera do governo brasileiro mais próximo à vida do cidadão e às questões de seu dia a dia, o que lhe oferece grande oportunidade de reafirmar essa nova consciência ambiental.

E é por isso que, como estudo de caso, este trabalho procurou elencar e mostrar os enormes avanços conjuntos e os trabalhos da Secretaria do Verde e do Meio Ambiente do Município de São Paulo – seja por sua importância e parcela de responsabilidade, seja como exemplo para os demais municípios que ainda se preparam para exercer a referida atribuição constitucional, em que devem ser evitadas disputas jurídicas e institucionais entre entes do Sisnama, disputas ainda presentes em muitos locais mas que só atrasam o desenvolvimento sustentável do nosso país.

Não é possível avançar para uma gestão ambiental adequada ao país sem a participação efetiva de todos os entes, em especial dos municípios, e de todos nós, cidadãos.

Bibliografia

ANTUNES, Luís Filipe Colaço. *A tutela dos interesses difusos em Direito Administrativo*: para uma legitimação procedimental. Coimbra: Livraria Almedina, 1989.

ANTUNES, Paulo de Bessa. *Curso de Direito Ambiental*. Rio de Janeiro: Renovar, 1990. p. 64.

BARBOSA MOREIRA, José Carlos. A ação popular no Direito brasileiro, como instrumento de tutela jurisdicional dos chamados interesses difusos. In: _____. *Temas de Direito processual*. São Paulo: Saraiva, 1977.

BASTOS, Celso. A tutela dos interesses difusos no Direito Constitucional brasileiro. *Revista de Processo*. São Paulo: Revista dos Tribunais, n. 23, jul./set. 1981.

BERTONI, Raffaele. Giudici e interessi diffusi. *La giustizia penale*, n. VIII-IX, parte III, ago./set. 1979.

BERTRAND, Edmond. *De l'ordre économique à l'ordre collectif*: le droit privé français au milieu du XXe siècle. Paris: Librairie Générale de Droit et de Jurisprudence, 1950. t. 1. (Études offertes à Georges Ripert.)

BONAVIDES, Paulo. *Direito Constitucional*. 2. ed. Rio de Janeiro: Forense, 1986.

BREEN, Barry. História dos danos aos recursos naturais nos USA. In: BENJAMIN, Antonio Herman (Coord.). *Dano ambiental*: prevenção, reparação e repressão. São Paulo: Revista dos Tribunais, 1993. v. 2.

BRÜSEKE, Franz Josef. *A lógica da decadência*: desestruturação socioeconômica, o problema da anomia e o desenvolvimento sustentável. Belém: Cejup, 1996. v. 1.

CABRAL, Armando Dias. Proteção ambiental. *Revista de Direito Público*, São Paulo: Revista dos Tribunais, n. 47-48, p. 84, 1978.

CANOTILHO, J. J. Gomes; MOREIRA, Vital. *Constituição da República Portuguesa anotada*. 2. ed. Coimbra: Coimbra Editora, 1984.

CAPPELLETTI, Mauro. Appunti sulla tutela giurisdizionale di interessi collettivi o diffusi. *Giurisprudenza italiana*, v. 127, 1975.

_____. *Tutela dos interesses difusos*. Ajuris. Porto Alegre: Associação dos Juízes do RS, n. 33, p. 174, 1985.

COSTA JR., Paulo José da; GREGORI, Giorgio. *Direito Penal Ecológico*. São Paulo: Cetesb, 1981.

CUSTÓDIO, Helita Barreira. *Direito Ambiental e questões jurídicas relevantes*. Campinas: Millennium, 2005.

DESPAX, Michel. *Droit de l'environnement*. Paris: Librairie Techniques, 1980.

DINIZ, Maria Helena. *Curso de Direito Civil:* responsabilidade civil. São Paulo: Saraiva, 1993. v. 7.

FERRAZ, Sérgio. Responsabilidade civil pelo dano ecológico. *Revista da Consultoria Geral do Estado do Rio Grande do Sul*, Porto Alegre: PGE-RS, v. 8, n. 22, 1978.

FERRI, Mário Guimarães. *Ecologia geral*. Belo Horizonte: Itatiaia, 1980.

FIORILLO, Celso Antonio Pacheco. A ação civil pública e a defesa dos direitos constitucionais difusos. In: MILARÉ, Édis (Coord.). *Ação civil pública*. São Paulo: Revista dos Tribunais, 1995.

_____. *Manual de Direito Ambiental e legislação aplicável*. São Paulo: Max Limonad, 1997.

GARCIA, José Carlos Cal. *Linhas mestras da Constituição de 1988*. São Paulo: Saraiva, 1989.

GERVAIS, André. Quelques réflexions à propos de la distinction des droits et des intérêts. In: *Mélanges en l'honneur de Paul Roubier*. Paris: Dalloz & Sirey, 1961. t.1.

GRINOVER, Ada Pellegrini. A problemática dos interesses difusos. *Revista do Curso de Direito da Universidade Federal de Uberlândia*, Uberlândia: UFU, n. 13, 1984.

_____. *A tutela dos interesses difusos*. São Paulo: Max Limonad, 1984.

_____. A tutela jurisdicional dos interesses difusos. *Revista da Procuradoria Geral do Estado de São Paulo*, São Paulo: PGE-SP, n. 12, 1979.

_____. Novas tendências na tutela jurisdicional dos interesses difusos. *Revista do Curso de Direito da Universidade Federal de Uberlândia*. Uberlândia: UFU, v. 13, n. 1/2, 1984.

_____; DINAMARCO, Candido R.; WATANABE, Kazuo (Orgs.). *Participação e processo*. São Paulo: Revista dos Tribunais, 1988.

HAECKEL, Ernst. *Generelle Morphologie der Organismen*: allgemeine Grundzüge der organischen Formen-Wissenschaft, mechanisch begründet durch die von C. Darwin reformirte Decendenz-Theorie. Berlim: [s.n.], 1866.

HEISENBERG, Werner. *La nature dans la physique contemporaine*. Paris: Gallimard, 1962.

KISS, Alexandre; TRINDADE, Antônio Augusto Cançado. Two major challenges of our time: human rights and the environment. In: DERECHOS HUMANOS, DESAROLLO SUSTENTABLE Y MEDIO AMBIENTE, Brasília, 1992. TRINDADE, Antônio Augusto Cançado (Ed.). *Derechos humanos, desarollo sustentable y medio ambiente*. 2. ed. San José/Brasília: IIDH/BID, 1995.

LEITE, José Rubens Morato. *Dano ambiental*: do individual ao coletivo extrapatrimonial. São Paulo: Revista dos Tribunais, 2000.

MACHADO, Paulo Affonso Leme. *Direito Ambiental brasileiro*. 4. ed. São Paulo: Malheiros, 1992.

MANCUSO, Rodolfo de Camargo. *Ação civil pública*. 12. ed. São Paulo: Revista dos Tribunais, 2011. v. 1.

_____. *Interesses difusos*: conceito e legitimação para agir. 4. ed. São Paulo: Revista dos Tribunais, 1997.

MEIRELLES, Hely Lopes. *Direito Administrativo brasileiro*. 21. ed. São Paulo: Malheiros, 1996.

MELLO, Celso Antônio Bandeira de. *Curso de Direito Administrativo*. 8. ed. São Paulo: Malheiros, 1996.

MELLO FILHO, José Celso de. *Constituição Federal anotada*. 2. ed. São Paulo: Saraiva, 1986.

MIRANDA, Jorge. *Constituições de diversos países*. Lisboa: Imprensa Nacional, 1979.

MOREIRA NETO, Diogo de Figueiredo. Política agrícola e fundiária e ecologia. *Revista Forense*, Rio de Janeiro: Forense, n. 317, p. 77, 1992.

MUKAI, Toshio. Aspectos jurídicos da proteção ambiental no Brasil. *Revista de Direito Público*. São Paulo: Revista dos Tribunais, v. 17, n. 73, 1985.

_____. *Direito Ambiental sistematizado*. 2. ed. Rio de Janeiro: Forense Universitária, 1994.

NERY JR., Nelson. *A ação civil pública e a tutela jurisdicional dos interesses difusos*. São Paulo: Saraiva, 1984.

OBEID, Rafael B. La doctrina de la Iglesia Católica en materia ambiental y de relaciones del hombre con la naturaleza. *Ambiente y recursos naturales*: revista de derecho, política y administración. Buenos Aires: La Ley, v. II, n. 2, p. 59, 1998.

OLIVEIRA, Helli Alves de. *Da responsabilidade do Estado por danos ambientais*. Rio de Janeiro: Forense, 1990.

PRIEUR, Michel. *Droit de l'environnement*. Paris: Dalloz, 1984.

REALE, Miguel. *Teoria tridimensional do Direito*. 5. ed. São Paulo: Saraiva, 1994.

RIVERO, Jean. *Corps intermédiaires et groupes d'intérêts*. Lyon: Chronique Sociale de France, 1954.

_____. Les droits de l'homme: droits individuels ou droits collectifs? In: LES DROITS de l'homme – droits collectifs ou droits individuels: actes du colloque de Strasbourg des 13 et 14 mars 1979. Paris: Librairie Générale de Droit et de Jurisprudence, 1980.

SAMPAIO, Francisco José Marques. O dano ambiental e a responsabilidade. *Revista Forense*, Rio de Janeiro: Forense, v. 317, 1992.

SILVA, José Afonso da. *Direito Ambiental Constitucional*. São Paulo: Malheiros, 1994.

_____. *Curso de Direito Constitucional positivo*. 5. ed. São Paulo: Revista dos Tribunais, 1988.

SOLUS, Henry; PERROT, Roger. *Droit judiciaire privé*. Paris: Sirey, 1966. t. 1.

TRINDADE, Antônio Augusto Cançado. *Direitos humanos e meio ambiente*: paralelo dos sistemas de proteção internacional. Porto Alegre: Sergio Fabris, 1993.

VILLONE, Massimo. La collocazione istituzionale dell'interesse diffuso. In: _____. *La tutela degli interessi diffusi nel diritto comparato*. Milano: Giufré, 1976.

Demais textos legais consultados e citados no livro

Convenção Internacional sobre Responsabilidade Civil em Danos Causados por Poluição por Óleo, Bruxelas, 29 de novembro de 1969.

Código de Defesa do Consumidor – Lei Federal n. 8.078/90.

Constituição Federal do Brasil.

Constituição do Estado de São Paulo.

Lei Orgânica do Município de São Paulo.

Comprehensive Environmental Response, Compensation and Liability Act, USA.

Acórdão STJ, 2º T. – REsp 37.354-9/SP – j. 30.08.95 – v.u. – Relator Min. Antônio de Pádua Ribeiro.

A Constituição Federal, leis, decretos e códigos nacionais podem ser consultados via internet, no Portal da Legislação (http://www4.planalto.gov.br/legislacao); a Constituição do Estado de São Paulo, no site da Legislação do Estado de São Paulo (http://www.legislacao.sp.gov.br); a Lei Orgânica do Município de São Paulo e as leis paulistanas, no Portal da Câmara Municipal (http://www.camara.sp.gov.br).

LEIA TAMBÉM

BEIRA-MAR

Depois de *Primavera silenciosa*, um dos livros mais influentes do século XX, Rachel Carson mostrou que, ao mesmo tempo em que sempre se preocupou profundamente com o ambiente como um todo, sua paixão maior era o mar, razão pela qual muitos leitores consideram *Beira-mar*, e outros clássicos de Carson sobre a vida marinha, seus melhores trabalhos. Neste notável livro, Carson explora as regiões costeiras rochosas, as praias arenosas e os recifes de coral, conduzindo-nos a mundos insondados, para revelar a beleza evanescente de uma piscina natural e contar a história de um grão de areia. Com poesia e ciência, ela transforma um animal e uma planta do mar aparentemente simples em criaturas complexas e de fascinante beleza, merecedoras de nossa admiração, compreensão e, certamente, proteção. Este é um livro para ser lido por prazer em qualquer momento e local, sendo também útil como um guia de campo. As descrições de Carson são majestosas.

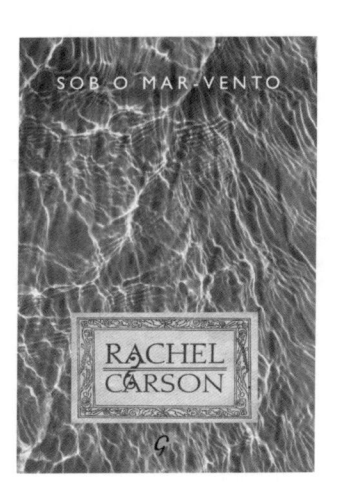

SOB O MAR-VENTO

Primeiro livro de Rachel Carson, *Sob o mar-vento* (publicado em 1941), embora tenha recebido boas críticas, só se tornou um *best-seller* depois do sucesso de *O mar que nos cerca* (editado em 1951 nos Estados Unidos e publicado no Brasil pela Editora Gaia, em 2010). O livro descreve com precisão o comportamento de peixes e aves marinhas, e seu estilo jornalístico-literário, do qual a autora se tornou um expoente, permite que seja apreciado tanto por jovens quanto por adultos.

PRIMAVERA SILENCIOSA

Raramente um único livro altera o curso da história, mas *Primavera silenciosa*, de Rachel Carson, fez exatamente isso. O clamor que se seguiu à sua publicação em 1962 forçou a proibição do DDT e instigou mudanças revolucionárias nas leis que dizem respeito ao nosso ar, terra e água. A preocupação apaixonada de Carson com o futuro de nosso planeta reverberou poderosamente por todo o mundo, e seu livro eloquente foi determinante para o lançamento do movimento ambientalista.

O MAR QUE NOS CERCA

Este livro é um minucioso estudo do oceano no estilo que ficou conhecido como Rachel Carson, ciência em forma de romance. Ao ser agraciada com o National Book Award (Prêmio Nacional do Livro, 1951) por *O mar que nos cerca*, Rachel Carson afirmou: "Os ventos, o mar e as marés em movimento são o que são. Se há encanto, beleza e majestade neles, a ciência descobrirá essas qualidades. Se eles não as têm, a ciência não as pode criar. Se há poesia em meu livro sobre o mar, não é porque eu deliberadamente a coloquei ali, e sim porque ninguém poderia fidedignamente escrever sobre o mar e ignorar a poesia".

ATIVIDADES INTERDISCIPLINARES DE EDUCAÇÃO AMBIENTAL

A Educação Ambiental é a prática educacional voltada para a vida em sociedade. Quando o indivíduo se conscientiza do seu meio ambiente, adquirindo conhecimentos, valores e determinação para solucionar questões ambientais, está sendo parte integrante do processo de Educação Ambiental (EA). Proposta inovadora, a obra destina-se a professores de todas as disciplinas do primeiro grau, sugerindo 50 práticas de Educação Ambiental e contendo informações, definições, objetivos, princípios e estratégias de EA. Ilustrada com figuras, fotografias e tabelas, apresenta uma lista de órgãos, associações e instituições direcionadas ao meio ambiente. Temas como "A água e o homem", "O que é licenciamento ambiental", "As indústrias e a comunidade", "Preservação cultural", "Aprendendo a viver em paz", entre outros, são discutidos de forma perspicaz e inteligente.

DINÂMICAS E INSTRUMENTAÇÃO PARA EDUCAÇÃO AMBIENTAL

As atividades de Educação Ambiental sugeridas neste livro pretendem ampliar a percepção sobre os cenários e os desafios socioambientais da atualidade e do futuro. Examinam as causas dos principais problemas ambientais, as consequências de nossas decisões, hábitos e atitudes. Sugerem alternativas para estilos de vida menos impactantes e mais harmoniosos. Investigam de modo crítico e analítico as formas de exploração dos recursos naturais, os padrões de produção e consumo, o estilo de vida e os mecanismos de alienação para que tudo continue como está. As 33 dinâmicas e 22 montagens de equipamentos para a prática da Educação Ambiental contidas neste livro promovem um exame crítico do nosso estilo de vida, focalizando hábitos, atitudes, comportamentos, formas de produção e consumo e de alienação que resultaram no quadro atual de degradação generalizada da qualidade ambiental. O livro aborda o consumo consciente, a gestão ambiental, a simplicidade, a cooperação e a participação como elementos-chave que, acoplados à ética e aos valores humanos, compõem estratégias fundamentais para o desenvolvimento de sociedades sustentáveis.

Educação e
Gestão Ambiental

Este livro traz um estudo de caso que mostra como o desenvolvimento de um projeto de Educação Ambiental implantou em uma instituição implantou um sistema simplificado de gestão ambiental.

Inclui a realização do diagnóstico, o estabelecimento do marco referencial, a construção da política ambiental da instituição, o desenvolvimento de atividades de gestão ambiental (avaliada por indicadores), os processos de sensibilização e a promoção de uma nova cultura de responsabilidade socioambiental, por meio da adoção progressiva de práticas sustentáveis.

O autor, um reconhecido inovador de práticas de responsabilidade socioambiental no Brasil e no exterior, socializa essa conquista, demonstrando que é possível produzir as mudanças de que tanto ouvimos falar e que normalmente ficam apenas no discurso.

Educação Ambiental:
Princípios e Práticas

Pequeno livro que se insere no embate entre a cruel degradação ambiental e a reação do homem para contê-la ou evitá-la, com sugestões de ações pontuais e realistas.

Alinhados às políticas mais avançadas de preservação ambiental e desenvolvimento sustentável, os quarenta breves tópicos, de leitura leve e ilustrados com feliz adequação e propriedade, têm o dom de semear uma conscientização individual que estará na base de uma ação coletiva e eficaz.

Uma contribuição consciente e de nosso tempo, própria de uma geração que percebeu os desafios socioambientais e já entrevê possíveis soluções. Genebaldo Freire Dias é doutor em Ecologia pela Universidade de Brasília e o autor brasileiro mais citado na área de Educação Ambiental.

GRÁFICA PAYM
Tel. (011) 4392-3344
paym@terra.com.br